山东社会科学院出版资助

英国中古后期的
代议思想及其实践

徐叶彤——著

中国社会科学出版社

图书在版编目(CIP)数据

英国中古后期的代议思想及其实践/徐叶彤著. —北京：中国社会科学出版社，2024.3
ISBN 978-7-5227-3215-2

Ⅰ.①英… Ⅱ.①徐… Ⅲ.①议会制—研究—英国—中古 Ⅳ.①D756.123

中国国家版本馆 CIP 数据核字(2024)第 052272 号

出 版 人	赵剑英
责任编辑	李金涛
责任校对	刘春芬
责任印制	李寡寡

出　　版	中国社会科学出版社
社　　址	北京鼓楼西大街甲 158 号
邮　　编	100720
网　　址	http://www.csspw.cn
发 行 部	010-84083685
门 市 部	010-84029450
经　　销	新华书店及其他书店

印　　刷	北京明恒达印务有限公司
装　　订	廊坊市广阳区广增装订厂
版　　次	2024 年 3 月第 1 版
印　　次	2024 年 3 月第 1 次印刷

开　　本	710×1000　1/16
印　　张	13
插　　页	2
字　　数	170 千字
定　　价	98.00 元

凡购买中国社会科学出版社图书，如有质量问题请与本社营销中心联系调换
电话：010-84083683
版权所有　侵权必究

序　言

　　85后赵卓然的博士论文刚刚出版，90后徐叶彤的博士论文又要问世了，这使得作为导师的我，既感到高兴，又感到汗颜！高兴的是学生出书，作为导师有一种成就感；汗颜的是我们在这个年龄时段还不知道"铅字"为何物！古人以"十年磨一剑"的赞语强调著述出版的质量，这自然有其道理，但在新时代特定的学术背景下，这一赞语可能较少得到认同。因为这是一个既求质同时也求量的时代，如果仅仅求质，那么，无论是作者个人，还是各级科研管理部门，都是不会认同的。更何况，从质上说，年轻学者的博士论文一般都比较新颖、精专，甚至独到，研究的问题学界少有涉及，在作者的研究领域可能是具有前沿性的成果。在这种情况下，年轻学者博士论文的出版也就具有了合理性。徐叶彤的博士论文即属此类，不仅选题新颖，学界涉及不多，而且思路清晰，论证深入，也许正因为如此，得到了山东社会科学院的资助出版。作为导师，我乐意也有义务为她在学术界、知识界作一推介。

　　书稿以代议制为题探讨欧洲中古社会的代议思想与英国中古代议制的关系。关于英国的代议制度，国内学界虽已有不少成果出版，但这些成果主要是研究制度本身，关于思想，特别是欧洲中世纪的代议思想，以及思想对制度的影响和作用，却少有涉及。

我给博士生上课时曾多次提到，代议是欧洲传统文化的特色，将之置于文明群体中作一比较，这一特色就更加鲜明突出。在国家政体层面，只要实行民主，就存在选举，而选举，就蕴含一定的代议。从这个意义上讲，古希腊城邦民主中即已存在代议成分。但学术界一般认为，代议是一种间接式民主，而古希腊民主则是一种直接民主。既然如此，古希腊民主中是否存在代议呢？在我们看来，这里的代议，只是一个学术概念，而学术概念对客观或真实历史的概括往往存在一定的局限。抑或说，史学界所概括的直接民主的概念也在一定程度上存在问题。在古希腊雅典，克里斯提尼改革设立了十将军委员会，十将军分别由十个地区部落选举产生，委员会之上设一首席将军。在国家事务的处理过程中，被选者在一定意义上说都是自己部落的代言人，必要时都要为自己的部族表达诉求。而这种表达，无疑就具有代议性质。在伯利克里时代，十将军委员会得到了发展，产生的方式改由公民大会通过举手选举产生，代议的成分应该较克里斯提尼时代更加显著。古希腊民主制如此，古罗马共和制呢？从概念上说，共和制在某种意义上可以说是民主制的另一种表达，就民主的程度而言，并不弱于民主制，这就决定了代议在其中的地位。从进程看，古罗马共和国的选举制较古希腊更加发展，也更加规范。政府官员几乎都由选举产生，而且是由人民大会选举产生，如执政官、行政官、监察官等由百人团大会选举产生；财务官、营造司以及一些低级官员则由特里布大会选举产生。这样来看，代议在古罗马共和制中的地位也就可以理解了。

西罗马帝国灭亡后，日耳曼人取代罗马人成为欧洲的统治者。从历史发展阶段看，他们处在原始社会向文明时代的转变过程中，所以学界一般认为原始民主是这一时期的基本制度。受此制约，民主形式也就主要是直接民主。但随着时间的推移和人口的增长，他们与原住居民的混居日渐推进，从而深化了日耳曼文化与罗马文化的交流与融合，这对于代议成分的增长和进步都具有重要意义。此外，我们还应该强调日耳曼人的民族性格所起的作用。日耳曼人对民主的固守和追求似乎有一种"先天性"，这种"先天性"对于代议制的形成无疑具有基础的意义，同时也具有推进的作用，特别是在他们告别原始社会进入中古时期之后，就更是如此。而作为欧洲文明另一个重要组成部分的基督教，在欧洲大陆的传播中不仅大量吸取、融合了古典文化、日耳曼文化等因素，而且对日耳曼民族产生了巨大而深远的影响，致使他们揖别了自己的宗教，改奉和皈依了基督教。这样，多种文化因素相结合，也就形成了欧洲中古早期的代议沃土。也正是在这种代议沃土的基础上，诞生了一代杰出的代议思想家，如格拉提安、奥卡姆的威廉、巴黎的约翰、帕多瓦的马西利乌斯、尼科尔·奥雷姆、库萨的尼古拉、根特的亨利等。他们对代议问题进行了深入的思考和研究，并在制度上进行了设计，形成了自己的体系。正是这些代议思想及其制度设计，深刻影响了英国中古后期的政治制度。这是一个很有学术价值和理论意义的选题，在国内史学界还少有研究，也正因为如此，作者以此作为自己博士论文的选题是值得点赞的。

选题的学术价值如此，理论意义也是显而易见的。它有助于我们认识现代欧洲乃至西方国家的制度设计，认识这些非文明古国是如何在政治、经济、思想、文化、科学、技术等领域取得如此重大的成就，并实现对文明古国的历史赶超。这样的认识对于国家、社会的优化治理，对于国际关系、外交关系的良性运行都是必要的，如认识不足或缺乏客观，就可能形成误判或错判，从而产生不良影响。前已言及，代议是欧洲传统文化的重要特色，英国代议制早在中古中期即已形成，后来在漫长的历史发展中积累了大量的经验教训，这些经验教训对非西方国家创建或改进代议制都具有一定的借鉴作用。两者间虽然在制度上存在差异，但从技术上说，应该没有多少不同。就中国来说，人民代表大会制是一种新型的代议制，其形成的历史还很短暂，因此也应该从英国代议制中汲取经验和教训。特别是要建立中国特色的社会主义民主制度，更需要认识英国的代议制，在吸收其经验教训的同时，创建和突出自己的特色，其必要性也是不言而喻的。

代议的历史性和民族性如此，作者便应该从古代着手思考和起笔，依次考察代议的增长、进化和演变。也只有这样，才能够深刻认识西方文化的特性，整体把握代议的概念，将研究推向深入。翻阅本书可见，作者基本上是按照这一思路谋篇布局的。由于代议思想形成的基础不只是日耳曼文化，所以作者以历史传统和文化环境为题进行设计，在日耳曼文化之外，还考察了同样包含代议基因的古希腊罗马文化和基督教文化，对三者分别展开论述。接下来自然就是思想的萌生、理论的建构和制度的设计了。

历史研究以史料为基础，在精心研读史料的基础上提出问题，展开自己的探讨。对此，作者有深入的认识，所以在思想理论方面，研读了纳塔利斯（Natalis）、帕多瓦的马西利乌斯、奥卡姆的威廉、根特的亨利、列奥纳多·布鲁尼、库萨的尼古拉等人的原作，而且使用了一些思想家如奥卡姆的威廉的书信，对中古时期的代议概念、思想、理论进行了分析和归纳，向读者呈现了中古代议的概貌。当然，限于国内的条件，有的原著是看不到的，在这种情况下，作者只能参考近现代甚至当代学者的著作进行转引。而这一方面，不仅年轻学者如此，在资深学者中也存在这种现象，尽管网络、数据库已经得到一定推广。

书稿也存在一些不足之处。首先是书稿的体量有所不足。如果只是探讨这个时代的思想史，这样的体量或无不可，但包括了理论体系、制度设计，特别是包括了制度的实践与调适，也就显得单薄了。而单薄，也就意味着对有些问题的探讨还可能有欠充实和深入。前面提到的"十年磨一剑",对成果点赞的意义也许就是体现在这里。

其次,对中古时期代议思想理论家原著的研读还有所欠缺。如前所述,作者对研读原著的追求是显而易见的,但由于条件限制,有些原著并未进入作者的视界,而只是通过近现代学者的著述做了间接地了解和引用。间接了解和引用当然不是不可以,很多名家的著作也存在这种现象,但成果的学术价值和理论意义肯定会受影响,因为这样有可能使作者与原作者在思想上产生距离,从而影响对原著的了解和理解。所以,只要具备条件,还是要研读原著,这样才能贴近作者的心理和思想。就思想史而言,原著乃为一手资料,而间接引用,只能算是二手或三手资料。

书稿选题的学术价值、理论意义和研究难度都是显而易见的,希望作者锁定目标,坚定信心,夯实基础,踔厉前行,使这一研究更上层楼。

是为序。

顾銮斋

山东大学历史文化学院

2022 年 11 月 30 日

前　言

　　代议制度滥觞于中古英国，它的形成并非一蹴而就，而是长期孕育于欧洲中古代议思想之中。代议思想的出现亦非一日之功，而是欧洲古典时期的文化与制度遗产传承、发展、演变、融合的结果。伴随着中古代议思想家的理论探讨，这一思想最终形成并被运用于中古英国的政治实践，由此产生了代议制。这一问题曾一度引起学界的重视，但相关成果的研究重点在于制度层面的梳理和剖析，缺少思想层面的考察与解读。本书对中古英国代议思想的萌生、发展进行梳理和分析，并结合代议思想家的"代议观念"对中古英国代议制度的早期实践进行探讨，不仅深化学界对代议制度的既有认识，更能从认识论的角度重新理解代议思想及其实践的关系问题。

　　代议思想的形成受益于古典时期的文化遗产以及中古早期的传统制度，这一部分构成本书的首章内容。中古英国的代议思想根植于古希腊罗马文化中的政治文化遗产、日耳曼文化中的传统习俗以及基督教文化中的宗教事务管理模式。另外，中古早期，国王对于国家管理、罗马基督教会的发展等问题进行了诸多思考和实践，这也为代议民主思想的萌生创造了条件。贤人会议和封建法庭是中古世俗政权具有代表性的国家管理机构，教会内部的争端也要诉诸民主形式的"早期宗教全体大会"。王权在贤人会议、封建法庭以及教会系统中的影响体现了中古英国王权在教、俗两界的初步政治结构形态。同时，王权在贤人会议、封建法庭和教会系统中享有何种权力、受到何种制约，以及王权的本源为何物，这些问题也促进了中古代议思想家对"代议"的相关探讨，由此形成了中古代议民主的思想轨迹。

12世纪伊始，代议思想家开始围绕自然权利、财产自由权、政治自由权展开思考。自然权利是政治权力的基础，财产权是政治权力的前提，而人们获得政治自由之后，才可能保障经济自由、财产自由等自由权利。格拉提安、奥卡姆的威廉、巴黎的约翰、帕多瓦的马西利乌斯以及根特的亨利等一批代议思想家，虽然出身不尽相同，各自代表着不同阶层、不同群体的社会利益，但是在涉及这三种权利的问题时都基本认为，自然权利、财产自由权和政治自由权是人民享有自由权的重要标志。人民享有上述自由及自由权是自然法赋予的基本权利，是任何人不可随意侵犯和剥夺的基本自由权。人民作为立法者主体，有权利保护自己的财产权，有权利选举自己的君主，也有权利选择政府的组织形式。不仅如此，人民还可以利用所享有的自由权表决关乎全体人民利益的事情。代议思想家对自由的阐述促进了中古自由精神的传播，激励了人民对自由的坚持和捍卫，对英国代议制的形成产生了非常重要的影响。

欧洲中古政治思想包括代议思想在内，最大的特点是统摄于神学思想框架之下。由此，代议思想的理论体系也建立在对教会及其教皇权问题认识的基础之上。奥卡姆的威廉、库萨的尼古拉以及罗马的吉莱斯等，是本书第三章研究的代表性思想家，他们对教皇权的认识、对教会会议的理解以及对教会权力的表达，构成了中古代议思想理论体系的首要内容，对于构建英国中古代议思想的理论具有重要意义。

此外，思想家还讨论了保证代议理论实现的制度问题，这将在本书的第四章中予以呈现。具有代表性的制度思考主要来自马西利乌斯的人民立法者理论、萨索菲那多的巴托鲁斯对城市共和国中存在的代议制进行的思考，即他的"主权在民思想"，以及索尔兹伯里的约翰等人对选举君主制的带有"神学意味"的认识。无论哪一种制度思考，在本质上都隐含着"政治权力来源于公民共同体"的基本思想以及"涉及众人之事应由众人决断"的罗马法原则，构成了代议思想的重要内涵。

第五章讨论英国代议制政府早期实践的成果及其不断调整的过程。代表权和代表制度应运而生，促进了各级会议在形式上更加规范，例如"西门国会""模范议会"。地方代表的兴起扩大了民主范围，改变了议会的组织形式，为后期两院制的建立奠定了基础。在早期实践中，虽然已经开始孕育自由制度，却仍然存在着矛盾，因为盎格鲁－诺曼时期的国民会议还没有能力完全摆脱个人专权，发挥限制王权的作用。因此，代议民主思想从理论转为实践需要一个过程，即王权与议会之间不断调整和适应的过程。在后期代议制政府的发展历程中，英国宪章的演进有效地保障了"政治权力的最终来源是公民共同体"。中古英国的宪章史记录了在公共权利和政治保障不断发展的过程中贵族阶级与国王之间的博弈：国王忙于维护其特权，而贵族又坚持不懈地尝试让国王做出新的让步。在这个调整的过程中，代议思想发挥了重要作用。

英国代议制的形成植根于古典文化与制度遗产，孕生于中古的代议思想。这些思想的基本内容包括：社会共同体是政治权力的最终来源；王权源于人民权力的转让，但人民仍保留着对它的所有权以及终极控制权；公共权力的使用应以社会共同体的同意为基础；由各等级或社会团体选派的代表组成的机构能够行使共同体的政治权力。

中古文本为本书的研究留下了宽厚广阔的资料。本书拟将思想家著作中反映的思想精神进行分类，选取其中与代议民主思想有关的材料，对11—15世纪不同时期思想家关于代议民主思想的基本观点进行梳理，在比较中挖掘不同思想家之间的思想传承，探究这些代议民主思想是如何落实到实践的，包括思想层面、实践层面、思想和实践结合的层面。以往学者对代议民主思想的研究大多集中于近现代时期，本书则将时间点追溯到中古时期，以表明近现代代议民主制度并不是无源之水、无本之木。通过对英国中古代议思想及其实践的研究，客观评价中古时期在西方议会史和宪政史上的历史地位。国内史学界对于代议制度的研究缺乏代议思想的溯源。例如，提到英国议会制的起源，不少著述是从贤人会议、御前会议或者是早期郡法庭中集中地方代表的惯例等思路来展开的。但是，笔者认为，代议制度作为中古的创造，在产生和发展过程中，政治构想和观念的创新才是起先导性作用的因素，而文献中所提到的这些仅是代议民主政治构想和创新观念在中古政治现实中的体现，并不是对代议思想本身的梳理。笔者想要探讨的，并不是就议会论议会，而是站在文明的高度，探讨西方议会起源和发展的依据，即他们是根据什么政治理念和理论体系来进行代议制度设计的。如缺乏对政治思想的探究，对代议民主历史的理解就难以深入，即不了解中古代议民主思想层面的发展，对议会起源的理解就是肤浅片面的。因此，笔者将研究的重点从学术史上常见的代议制度转向代议思想。

目 录

绪 论 …………………………………………… （1）

第一章 历史传统与文化环境 …………………… （21）
    第一节 代议因子 …………………………… （21）
    第二节 贤人会议 …………………………… （40）
    第三节 封建法庭 …………………………… （44）

第二章 思想的萌生 ……………………………… （48）
    第一节 自然权利 …………………………… （49）
    第二节 财产自由权 ………………………… （55）
    第三节 政治自由权 ………………………… （64）

第三章 教权理论体系 …………………………… （70）
    第一节 有限教皇权 ………………………… （70）
    第二节 教会内部的民主 …………………… （75）

第四章 俗权制度设计 …………………………… （85）
    第一节 人民立法者和等级君主制 ………… （85）

  第二节　城市共和国中的"主权在民" ………………（93）
  第三节　选举君主制 …………………………………（99）
  第四节　世界帝国理论 ………………………………（105）

第五章　实践与调适 ……………………………………（110）
  第一节　代表制度 ……………………………………（110）
  第二节　"西门国会"和"模范议会" ………………（119）
  第三节　早期实践 ……………………………………（123）
  第四节　两院制的建立 ………………………………（152）
  第五节　王权与议会 …………………………………（166）

结　语 ……………………………………………………（174）
参考文献 …………………………………………………（179）
后　记 ……………………………………………………（194）

绪　　论

一　研究价值

现代社会中，代议制几乎成为一个广受认可的民主政治制度：人民选出代表，让其参与集体乃至国家的政治事务，这些事务涉及每个人的利益。笔者从以下几个方面理解这种制度：首先，选举与代议本身就是一种制度的两个方面，相互依存，不容分割；其次，政治权力来源于社会共同体需经过"同意"这一环节，"涉及众人之事应由众人决断"也要以"社会共同体的同意"为基础，因此，代议中包含了"同意因子"；再次，法治观念意识若要达到"限制王权，王在法下"的效果，共同答问和权贵协商也需要采取合理形式，即代议，因此，代议是实现法治观念意识的方式之一；最后，由人民或贵族选派代表组成的议会可以分享权力，起到制衡的作用，因此，代议是实现分权与制衡的途径之一。

从历史的角度看，代议制的形成非一日之功，且受到诸多因素的影响。在历史的不同阶段，这些因素发展、变化甚至融合、交汇，共同促成了代议制的形成。卡莱尔在其《西方中古政治思想史》中这样评价代议制:"现代社会继承了中古时期的代议思想及代表系统,从而形成了议会制度。"① 这一评价,包括两方面事实:议会制度的形成以代议思想及其制度的出现为历史前提,这个前提在历史的纵线上可追溯到中古。更具体说,这个前提的发生之地在中古英国。中古时期,由于历史条件的限制,还未形成如近现代一样系统运作的机制,政府的组织形式也是如此。在政治制度还不健全的情况下,人民可以通过代议制度把政治权力授予国王,代议制也可以保障人民仍保留着对政治权力的所有权以及终极控制权,即可以收回权力。这个系统是中古社会基本政治理念自然发展的产物。

本书以中古西欧社会为背景,对中古英国代议思想的萌生、发展进行梳理和分析,并结合代议思想家的"代议观念"对中古英国代议制度的早期实践做出新的解读和理解,这样不仅可以深化学界对代议制度的既有认识,更能从认识论的角度重新理解代议思想与其实践的关系。

二 学术史回顾

关于英国中古代议思想所包含的内容,笔者认为,首先,代议与选举唇齿相依、不可分离。而且,"思想"二字不仅包含了代议形式本身和议会制度中所蕴含的精神,还包含了宪政精神中的"同意"因子。因此,协商与同意的原则同样重要。这一点在国内外学界都有所提及。

国外的学术专著由于选题多,研究范围广,笔者据以分为以下几类,并择其要者予以评析。

---

① R. W. Carlyle and A. J. Carlyle, *A History of Medieval Political Theory in the West*, 6 vols, New York: Barnes & Noble, 1903 – 1936. p. 240.

绪 论

第一，有关代议思想家及其实践活动的直接研究。此类研究的相关著述同时可作为本书的重要资料。中古英格兰两位著名的法学家格兰维尔①（Glanvill）、布拉克顿（Henry De Bracton）在各自的著作中，都将英格兰的习惯和法律作为限制王权的重要工具或手段。如布拉克顿在《英国的法律与习惯》（*On the Laws and Customs of England*）中阐述英格兰使用不成文法和习惯的原因："即使它是不成文的，我们同样可称英格兰的法律是法律，因为，凡是规范，一经国王或君主权威、共和国共同答问和权贵协商同意的确立和认可，即具法律效力……"② 更重要的是，无论格兰维尔抑或布拉克顿，他们的记录都反映了中古英格兰政府与法律的关系问题，这种分权与制衡的精神与代议思想是相通的。

又如，众多学者对中古时期政治思想家的代议思想进行了直接研究和分析。帕多瓦的马西利乌斯（Marsilius of Padua）在其著作《和平的保卫者》和《帝国的变迁》③中，论述了人民立法者理论以及立法者和政府之间的关系。从思想意识的角度分析，等级君主制本身就是马西利乌斯代议民主思想反映到具体实践的一种政治制度。众所周知，等级君主制是国王或皇帝借助等级代表会议实施统治的一种政权形式，国王、贵族和平民共同参政，并在一定程度上分享权力。这种制度体现了代议民主思想的基本原则，即由社会各阶级选派代表组成的团体，才能代表社会共同体行使公共权力。这无疑是中古代议民主思想及实践最直接、最明确的体现。

实际上，从学界的既有研究来看，有关马西利乌斯的思想一直存在争议。阿兰·吉尔斯认为马西利乌斯的政治思想和传统与

---

① G. D. G. Hall., *The Treatise on The Laws and Customs of the Realm of England Commonly Called Glanvill*, London: Thomas Nelson, 1965.
② Bracton, *On the Laws and Customs of England*, trans. G. E. Woodbine and S. E. Thorne, Boston: Havard University Press, 1968, p. 10.
③ Marsilius of Padua, *Defensor Minor and De Translatione Imperii*, Cambridge: Cambridge University Press, 1993.

其他中古思想家的基本主张不同，存在根本区别。[①] 与吉尔斯类似，很多学者都强调马西利乌斯有关立法者理论、人民主权理论、市民思想、权利等问题的认识中，在论及政府起源的问题上是支持人民主权论的，将立法者与政府清晰区别开来。这使一些学者将马西利乌斯看作中古晚期提倡人民主权论的共和主义的代表。[②] 另一方面，一些学者则认为马西利乌斯将他思想中的激进性或现代性的倾向重新放置于中古的语境下，如李维斯不认为他是法律实证主义者。另外，有些学者认为马西利乌斯的人民主权理论只是为其整本书的主旨服务的，即攻击教皇的全权理论。[③] 著名的政治学家乌尔曼在其著作《中古政府和政治原理》中，对马西利乌斯、巴托鲁斯等人的主权论思想进行了研究。[④] 学者马里奥·弗朗西斯科则对马西利乌斯与巴托鲁斯的主权论思想进行比较，进而对中古的主权论进行整体上的把握。[⑤] 波兰学者比亚拉斯·安娜·珀伊托在其文章《帕多瓦的马西利乌斯的〈和平的保卫者〉中的争论：教皇权与帝国关系》中指出，马西利乌斯及其著作《和平的保卫者》对中古时期的学术贡献之一是认定教皇权从属于帝国，而整本书实质上是一本论述有关何为合法或合理统治的政治纲要。[⑥] 以上

[①] Alan Gewirth, *Marsilius of Padua: The Defender of Peace*, Vol. 1, New York: Columbia U. P., 1951.

[②] Alessandro Mulieri, "Marsilius of Padua and Peter of Abano: The Scientific Foundations of Law-making in Defensor Pacis", *British Journal for the History of Philosophy*, Vol. 26, No. 2, 2018, pp. 276 – 296.

[③] Alessandro Mulieri, "Marsilius of Padua and Peter of Abano: The Scientific Foundations of Law-making in Defensor Pacis", *British Journal for the History of Philosophy*, Vol. 26, No. 2, 2018, pp. 276 – 296.

[④] W. Ullmann, *Principles of Government and Politics in the Middle Ages*, London: Methuen, 1961.

[⑤] Maiolo Francesco, *Medieval Sovereignty: Marsilius of Padua and Bartolus of Saxoferrato*, UK: Eburon Academic Publishers, 2007.

[⑥] Bialas Anna Peitho, "Controversy over the Power between the Papacy and the Empire in the light of Marsilius' of Padua Defensor pacis", *Examina Antiqua*, Vol. 1, No. 1, 2010, pp. 145 – 159.

可见，一方面，学界既已存在的争议会对研究造成理论上的困扰；但另一方面，从代议因素看，或许能对马西利乌斯做出新的评价和认识。

伍尔夫在《萨索菲那多的巴托鲁斯在中古政治思想史中的地位》① 一书中，细致阐述了中古法学家巴托鲁斯对罗马法的理解，并且把罗马法同14世纪意大利政治现实相结合。该书还介绍了巴托鲁斯在处理罗马帝国与教皇的关系、王国与城市共和国的关系时的态度。伍尔夫把巴托鲁斯的思想放在广阔的历史背景中去，从而探究13世纪中叶罗马帝国所面临的复杂问题。巴托鲁斯最著名的政治观点是城市共和国应有属于自己的君主或皇帝。书中提到，巴托鲁斯在其个人著作《〈法学编纂〉注释》以及《论暴政》中主张，在城市共和国的政治理想中实行代议制，人民可以通过人民大会选举议会，议会构成的统治体代表全体公民的思想和利益，即代表国家。人民根据自己的意志决定授予议会权力的大小，并起到限制议会的作用。巴托鲁斯认为，城市政治体可以根据自己的愿望进行立法，立法权并不是独立于皇帝和帝国的结果，也不是君主权力的行为，它属于所有的政治和非政治社团。人民还可以决定政府是否定期选举。总之，政治权力来源于人民。

奥卡姆的威廉（William of Ockham）在《"给托钵修士少数派的信"及其他著作》② 一书中明确提出单位代表制，他曾说"除非经过共同体的选择和同意，任何人都无权对该共同体发号施令"。奥卡姆主张宗教全体会议应该采取单位代表制，而没有想到个人代表。他主张代表的基础应该是教区、修道院和大教堂

---

① C. N. S. Woolf, *Bartolus of Sassoferrato, His Position in the History of Medieval Political Thought*, Cambridge: Cambridge University Press, 1913.

② William of Ockham, *A Letter to the Friars Minor and Other Writings*, Cambridge: Cambridge University Press, 1995.

的牧师会的教团,也就是用特定社团来代表共同体的利益。[①] 阿瑟·斯蒂芬(Arthur Stephen McGrade)在《奥卡姆的威廉的政治思想》(*The Political Thought of William of Ockham*)一书中研究奥卡姆的威廉在与教皇约翰二十二世(John XXII)的斗争中提出的"使徒贫困论",奥卡姆认为,修士是在自然权利的意义上而不是在法律的意义上拥有和使用财物,以此来批判教会聚敛财物的行为。斯蒂芬对奥卡姆做出的整体评价是,他在政治思想上是保守的,如果根据乌尔曼的上源理论和下源理论去理解的话,奥卡姆属于后者。在斯蒂芬之前,有关奥卡姆的英文著述几无可寻,仅为散见的一些简短的英文论文。斯蒂芬这一著述可谓是"对奥卡姆研究的一大学术贡献"[②],也为本书的进一步研究提供了条件。《关于专制政府的简短论述》是对中古教会,特别是教皇关于普遍精神和世俗权力主张的驳论。在欧洲民族国家兴起之时,奥卡姆的著作对教皇无限权力的主张提出了有力挑战。[③] 类似的研究还有戈登·勒夫的《奥卡姆的威廉的学术争论的蜕变》[④]、罗宾逊的《历史语境下的奥卡姆的威廉的财产权理论》[⑤] 等。

库萨的尼古拉(Nicholas of Cusa)深受马西利乌斯和奥卡姆的影响。尼古拉在其著作《论天主教的和谐》[⑥] 中,把通过逐级

[①] Arthur Stephen McGrade, *The Political Thought of William of Ockham*, Cambridge: Cambridge University Press, 1974.

[②] H. Malcolm Macdonald, "Reviewed Work: The Political Thought of William of Ockham by Arthur Stephen McGrade", *Social Science Quarterly*, Vol. 55, No. 4, 1975, p. 1009.

[③] Arthur Stephen McGrade, *William of Ockham: A Short Discourse on Tyrannical Government*, trans. John Kilcullen, Cambridge: Cambridge University Press, 1992.

[④] Gordon Leff, *William of Ockham: The Metamorphosis of Scholastic Discourse*, Manchester: Manchester University Press, 1975.

[⑤] Jonathan Robinson, *William of Ockham's Early Theory of Property Rights in Context*, Boston: Brill, 2013.

[⑥] Nicholas of Cusa, *The Catholic Concordance*, ed. Paul E. Sigmund, Cambridge: Cambridge University Press, 1991.

选举产生的代表所组成的世界性宗教大会,作为实现天主教和谐并制约教皇专制主义的一种理想形式。同时,尼古拉深受罗马自然法学家西塞罗"自由和平等"思想的影响,把民众同意作为统治的基础,并将之看作自然法的内容。在众多的研究中,挪威学者卡努特·阿尔夫斯沃格的研究值得一提。他认为,尼古拉通过"参与"(participation)的概念来理解上帝和世界之间的关系,他借助"展开"(unfolding)和"折叠"(enfolding)这一对孪生概念来探索这一问题。在尼古拉看来,这一对概念既可解释神与人的关系,也可解释神的天意和人的自由之间的关系、崇拜和偶像崇拜以及集"展开"的神性和"折叠"的人性于一体的基督等问题。① 除此以外,日本学者渡边守道的著述提供了有关尼古拉生平的重要内容。② 这些都为进一步挖掘尼古拉的代议思想提供了便利。

莱昂纳多·布鲁尼(Leonardo Bruni)被公认为文艺复兴早期最重要的人文历史学家。但是,这一认识产生的原因,以及它对历史学的意义,一直是一个令人困惑和颇具争议的问题。学者盖里的著述《意大利文艺复兴时期的历史》(*Writing History in Renaissance Italy: Leonardo Bruni and the Uses of the Past*)首次对布鲁尼的历史和传记进行了系统调查,为研究这一问题提供了一种全新的方法。这项研究首次详细评估古典希腊历史学家对人文主义历史写作方法发展的影响。盖里在书中特别强调了修昔底德和波利比奥的重要性,布鲁尼是西方最早受古典希腊历史学写作方法影响的学者之一,他对政治的分析方法将他引向了新的方向。盖

---

① Alfsvag Knut, "Explicatio and Complicatio: On the Understanding of the Relationship between God and the World in the Work of Nicholas Cusanus", *International Journal of Systematic Theology*, Vol. 14, No. 3, 2012, pp. 295 – 309.

② Morimichi Watanabe, Gerald Christianson and Thomas M. Izbicki, *Nicholas of Cusa: A Companion to His Life and His Times*, Farnham: Ashgate, 2011.

里认为，布鲁尼论证了对政体改革必须经过人民同意的原则；尽管他有些偏心于贵族统治，但却把否决权赋予了人民大会；政体的最终主权在于全体人民的集会上。①

另一位著名的政治思想家马基雅维利（Machiavelli）也必须提及。他的思想中蕴含着丰富的代议因素。有关他的研究主要围绕三个部分：《君主论》（*The Prince*）、《提图斯·李维十论》（*Discourses on the First Ten Books of Titus Livius*）以及时代背景和他的出身经历。其中，《君主论》主要阐述他的"新君主制"。② 但是萨拜因在《政治学说史：民族国家》中认为，马基雅维利所倡导的"新君主制"是有前提的，这个君主是机智与自律的化身。③《提图斯·李维十论》表明了马基雅维利崇尚罗马共和国的政治道路的态度，并阐述了自由对共和国的意义。④ 学者卡瓦洛·乔安在其文章《〈君主论〉和〈论李维〉中的政治权力和个人自由》中，对既往的马基雅维利思想研究进行了一定程度的批判。他认为，近几十年来的马基雅维利研究，关注与共和政府模式相关的"自由"概念，但马基雅维利对自由的使用不能简单地等同于共和主义，所以他在文中对这两本著作中的自由及其相关问题进行研究，因为其涉及人身和合法财产不受政府侵犯的自由。⑤ 另外，学者内森·塔科夫对马基雅维利的宗教观做了考察。他认为马基雅维利的宗教观念具有深远的意义：他提醒读者宗教具有危险性，它能够唆使人们杀人、自杀或接受暴政；同时警醒人们在政

---

① Gary Ianziti, *Writing History in Renaissance Italy: Leonardo Bruni and the Uses of the Past*, Boston: Harvard University Press, 2012.
② ［意］尼科洛·马基雅维里（利）：《君主论》，潘汉典译，商务印书馆1985年版。
③ ［美］乔治·萨拜因：《政治学说史：民族国家》，邓正来译，上海人民出版社2015年版。
④ ［意］尼科洛·马基雅维利：《马基雅维利全集》，潘汉典、薛军、王永忠等译，吉林出版集团有限责任公司2013年版。
⑤ Cavallo Jo Ann, "On Political Power and Personal Liberty in The Prince and The Discourses", *Social Research*, Vol. 81, No. 1, 2014, pp. 106–133.

治权力更迭中有必要寻求救赎和精神慰藉。①

除此之外,一些思想通史类著作对于本书的研究也有重要意义。伯恩斯的《剑桥中世纪政治思想史:350年至1450年》涵盖面较广,涉及思想家众多,不仅为政治思想史研究做出了重要贡献,在方法的使用上也具有启示意义。② 作者将漫长的中古划分为三个阶段:350—750年、750—1150年和1150—1450年,将不同时期的"政治"观念放到不同的阶段中进行认识,通过对大量原始材料的解读和分析,把"中古政治思想"从传统概念——"黑暗、愚昧的中古"中抽脱出来,还中古思想家以真面目,如马西利乌斯、托马斯·阿奎那、奥卡姆的威廉、巴黎的约翰、尼科尔·奥雷姆、索尔兹伯里的约翰等。作者对精神世界范围内议会或代议思想的起源做了这样的解释:议会与协商是密不可分的,协商作为议会的实质性内容,从语义上来讲,是指智者经过深思熟虑所提出的一些审慎的建议。③ 议会在《圣经》中被称作"上帝的馈赠",这个词本身在神学领域中就源远流长。那么,上帝是如何馈赠的呢?格列高利曾阐述道,教会的布道者作为顾问,常常给予教众一些关于生活或人生的建议,正如国王需要借助世俗贵族和教会权贵中的许多智者的建议才能完成统治一样。"建议"也表明了另一层含义——协商和议会只有商讨的权力,没有决定的权力。安东尼·布莱克(Antony Black)在《欧洲的政治思想:1250—1450年》(*Political Thought in Europe*, 1250—1450)一书中对1250—1450年间关于国家主权、政教分离、代表权、政府的起源和财产权所形成的一些观

---

① Nathan Tarcov, "Machiavelli's Critique of Religion Nathan Tarcov", *Social Research*, Vol. 81, No. 1, 2014, pp. 193 – 216.

② J. H. Burns, *The Cambridge History of Medieval Political Thought*, 350 – 1450, Cambridge: Cambridge University Press, 1988.

③ [英] J. H. 伯恩斯主编:《剑桥中世纪政治思想史:350年至1450年》,郭正东、溥林、帅倩、郭淑伟译,生活·读书·新知三联书店2009年版,第741—745页。

点进行了梳理，为本书把握和理解这一时段欧洲的政治思想提供了一个清晰的研究框架。在政治思想家的选取上，作者的研究涵盖了诸如阿奎那、马西利乌斯、奥卡姆的威廉、库萨的尼古拉等中古著名的思想家，对他们有关教会和国家观念、帝国和地方主权、公民和社会自治、王权与人民、王权与议会等思想进行了剖析。[1]

伯恩斯与安东尼的著述对本书的研究颇具意义，不仅有助于进一步挖掘思想家的代议观念，而且能从整体的时代背景中充分理解他们的政治观念。毕竟，思想家非孤立的个人，而是产生于时代中的。

中古的政治思想对后世产生了重大影响。类似的中古政治思想综合性著述中，本书还参考了莫雷尔（Morrall）的《中古政治思想》（*Political Thought in Medieval Times*）[2]，基尔克（Von Gierke）的《中古理论》（*Theories of the Middle Ages*）[3] 等。

第二，政治制度史（包括法律制度、议会制度、行政制度、选举制度等）关于代议思想的研究。一般而言，这类研究仅仅作为理解政治制度运行和改革的"工具"出现，并非研究者的论述主题。如，蒂尔尼在《1050—1300年教会和国家的危机》[4] 中，通过对几个主要文件的阐释，明确叙述并分析了长达几个世纪之久的国王与教皇之间的斗争，以及中古欧洲的政教分离，这些都毫无争议地影响了西方文明的进程。关于代议民主思想，蒂尔尼在书中提到巴黎的约翰（John of Paris）以及他的著作《论王权与

---

[1] Antony Black, *Political Thought in Europe*: 1250 – 1450, Cambridge: Cambridge University Press, 1992.

[2] John B. Morrall, *Political Thought in Medieval Times*, New York: Harper & Brothers, 1958.

[3] Von Gierke, *Theories of the Middle Ages*, Cambridge: Cambridge University Press, 1900.

[4] Tierney Brian, *The Crisis of Church and State* 1050 – 1300, *with Selected Documents*, Englewood: N. J., Prentice-hall, Inc., 1964.

教权》(又译为《论君主与教皇的权力》)。约翰认为,国王的权力源于人民,国王上台执政是经过人民同意的。而且,人民将政治权力赋予国王的同时,还保留了从暴君手中收回他们的同意的权利。蒂尔尼还对中古的一些教会法学家有关选举的论述做了分析。比如,《至高教义大全》(Summa Et Est Sciendum)中,作者不同意当时流行的"双剑论"思想,他认为君主权力源于上帝和人民的选举。[①] 蒂尔尼对这些富含"代议因素"的思想家的分析和阐述,都是为其阐述中古的二元政治权力体系服务的,因而并未在代议思想上进行深挖。

霍尔特在其专著《大宪章》中,把1215年事件以及《大宪章》本身放到12—13世纪英国的法律背景、政治背景中进行探究,以翔实的史料为基础,对《大宪章》制定的过程进行了理论分析,同时指出了它的历史局限性。《大宪章》的条款中,对"协商与同意"原则的规定和运用,本身就孕育了中古英国代议民主思想的萌芽,如"未经全国协商,不征盾牌钱和协助金"等条款。在论及《大宪章》本身之前,霍尔特花费大量笔墨,详尽叙述和剖析了1215年之前的英国政治、法律乃至文化背景。其中大量涉及有关代议制度的思想起源问题。[②]

弗朗西斯·基佐作为法国著名的政治家、历史学家以及法兰西学院院士,在1820—1822年巴黎学区和法兰西学院各院系复课之时,就代议制政府的相关历史问题及研究做了许多演讲,其讲义经过整理和修正,收录在《欧洲代议制政府的历史起源》一书中。这本书首先对欧洲1—11世纪英国、法国、西班牙尚未完善的、类似于代议制机构的国家机构设定进行了探究和分析;然后,又单独将英国作为比较有代表性的研究对象,对

---

① Tierney Brian, *The Crisis of Church and State* 1050 - 1300, *with Selected Documents*, Englewood: N. J., Prentice-hall, Inc., 1964, p. 118.

② J. C. Holt, *Magna Carta*, Cambridge: Cambridge University Press, 1992.

英国中古后期的代议思想及其实践

1066年诺曼征服到都铎王朝时期的代议民主思想的实践进行了阐述。① 基佐以丰富的英国和法国的中古历史文件为基础,从历史的大局观指出,在整个欧洲,民主和自由具有古老传统,而专制是近代才开始发生的事,并不是民族文化的根本。这为代议制机构的古老根源以及代议制政府在实践上的合理性奠定了理论基础。同时,基佐本人强调了宏大历史观与政治哲学视角,具有研究的先进性。其闻名遐迩的讲座吸引了大批热情的学生,就连托克维尔也旁听过。基佐的这一重要学术成果,不仅为本书的研究带来了知识补给,而且在观点上也给人以启迪。

19世纪的英国史学大家斯塔布斯在其代表作《英格兰宪政史》中,将1215年《大宪章》视为自由、平等的"圣经",彰显了中古英国议会制度对王权的制约。而与《大宪章》密切相关的一次圣阿尔班会议,在斯塔布斯看来"是第一次历史可考的由各级代表应召参加的国家会议"②。斯塔布斯的研究让笔者对英国代议制的发展脉络有了清晰的认识。

由拉尔夫·勒纳(Ralph Lerner)等编辑的《中古政治哲学:资料手册》(*Medieval Political Philosophy: A Sourcebook*),自1963年出版以来一直深受欢迎。虽然该书主要论述的是基督教世界中神权政治思想立场,但是,它仍是唯一一本包含了一神论传统(包括基督教、犹太教和伊斯兰教)的主要文本的中古政治哲学选集。这本由约书亚·帕伦斯和约瑟夫·麦克法兰修改和扩充的政治哲学经典著作新版本使今天的人能够了解这些中古思想家的深刻见解。在现代宗教与政治分离之前,这些中古思想家以不同方法来研究宗教与政治之间的关系,这些方法重新激起了人们对如何更好地将两者联

---

① [法]弗朗索瓦·基佐:《欧洲代议制政府的历史起源》,张清津、袁淑娟译,复旦大学出版社2016年版。
② William Stubbs, *The Constitutional History of England in Its Origin and Development*, Vol. 2, Oxford: Clarendon Press, 1875, p. 566.

系起来的兴趣。对于汇集在该书中的作者——包括阿尔法拉比、阿尔哈扎利、阿韦罗伊、迈蒙尼德、犹大·哈勒维、托马斯·阿奎那、达基亚的波伊提乌和但丁·阿利基利以及其他人——来说，总体意图的一致性比任何其他时期都要大。这些作者都研究了古典政治哲学的著作，并以不同的方式思考了这种政治思想对他们在一个一神论宗教社区的现实处境的影响。[①]

英国另一位宪政史家梅特兰（Maitland）在《英国宪法史》（*The Constitutional History of England*）中阐述道："在我看来，宪法的历史应该是一部制度的历史，既不是政党的历史，也不是斗争的历史，而是结果的历史。"他以简洁新颖、学术性强且可读性强的形式提供了英国宪法史的基本框架。他采用的研究方法是在五个关键时期，以全景视角呈现法治和政府的进程；他的注意力总是集中在宪法上，宪法是一种不断演进的结构，是活生生的人类设计和使用的东西。[②]

鲁滨逊（Robinson）在《第一个民主国家：雅典以外的早期人民政府》（*The First Democracies*：*Early Popular Government Outside Athens*）一书中提到，雅典通常被认为是民主的诞生地，但在古风和古典时代，希腊还有许多民主城邦。鲁滨逊首先讨论了古代和现代对民主的定义，然后考察了希腊术语，调查了其他早期民主的证据，并得出了关于民主起源的结论。[③] 与之类似的还有波威克的《中古的英国：1066—1485》（Medieval England, 1066—1485）[④]、

[①] Joshua Parens and Joseph C. Macfarland, *Medieval Political Philosophy*：*A Sourcebook*, Agora editions, New York：Cornell University Press, 2011.

[②] F. W. Maitland, *The Constitutional History of England*, Cambridge：Cambridge University Press, 1909.

[③] E. W. Robinson, *The First Democracies*：*Early Popular Government Outside Athens*, Stuttgart：Franz Steiner Verlag, 1997.

[④] Maurice Powicke, *Medieval England*, 1066 – 1485, London：Oxford University Press, 1969.

维尔克逊（Wilkinson）的《中古英格兰的宪法史：1216—1399》(*Constitutional History of Medieval England, 1216—1399*)[①] 等。

由上可见，国外学界有关民主制度或代议制度起源的综合性著作，以及对中古民主或政治思想的研究已十分充分，集中于思想家的王权观、教会观、权利观、双剑论思想等方面，但是对中古代议思想的相关研究，即使涉及代议思想，也因各自的研究目的所限而无法展开；有关政治制度乃至政府管理等方面的研究，要么不涉及思想，要么只将思想作为解释制度合理与否的工具，只具有辅助性意义。

国内学界关于中古西欧包括英国在内的政治制度史和思想史已有一定的研究，这些研究主要集中在两方面。

第一，有关西欧包括英国在内的中古以及近现代代议民主制度的研究。在专著方面，顾銮斋主编的《西方宪政史》从思想脉络上对选举、协商、同意和代议等思想要素进行了梳理，并进行了相应的理论论证与说明。[②] 同时，该书第二卷的第四章第二节对中古晚期的等级会议进行了探究，重点探讨了英国议会和法国三级会议。该书一方面从经济的角度分析了议会产生的原因：国王政府对外战事频繁造成财政收入紧缺，急需向臣民征税。另一方面侧重于描述议会的演变过程，认为英国议会起源于御前会议的大会议，法国三级会议起源于国王为商讨国事而对贵族的召集。此外，顾銮斋在《西方宪政史》中还讨论了代议制实现了民主范围的扩大问题。但是，该书并没有将代议思想作为主要内容详细展开。

翟志勇主编的《代议制的基本原理》对代议制提出了另一种

---

① B. Wilkinson, *Constitutional History of Medieval England, 1216-1399*, London: Longman, 1963.
② 顾銮斋主编：《西方宪政史（第二卷）》，人民出版社2013年版，第251—271页。

观点,他认为,民主与代议制度有着截然相反甚至彼此冲突的历史和理念:在历史上,民主发源于古希腊,代议制发源于中古晚期;在理念上,古希腊民主主张以直接的政治参与来兑现统治者与被统治者的同一性,而代议制以一种"在场同时又不在场"的悖论方式存在,实现一种或理性或充满"精英主义"意味的政治模式。① 笔者认为,翟志勇分析的仅是"民主的早期",随着欧洲大陆民主进程的发展,同一性与代表制是政治构成的两种方式,随着人口数量的上升,若没有代议制,实现人民主权将没有出路。因此,从中古晚期兴起的代议制,对探究中古代议思想的发展显得尤为重要。

阎照祥的《英国政治制度史》对12世纪末到1485年都铎王朝之前的议会与君主制进行了研究,介绍了14世纪议会的工作秩序和职能、咨议会(The Council,也可译作"御前会议"或者"政务会")、上院五级贵族(公爵、侯爵、伯爵、子爵、男爵)的组成、普通法的发展历程、治安法官的起源以及15世纪王权和议会之间的关系,与本论题最有关联的是议会的起源。② 作者把"1215年《大宪章》的制定、1265年'西门议会'和1295年'模范议会'的召开视为议会产生的三大界标"③,仅仅概括了英国代议思想在中古的实践,并没有深入挖掘中古的代议思想。

同《英国政治制度史》相类似,沈汉和刘新成合著的《英国议会政治史》④ 讨论了从盎格鲁-撒克逊时期到第二次世界大战末英国议会政治制度的发展与改革。作者侧重于论述都铎王朝专制主义的特征、近代资产阶级国家的形成、近代政治权力的转移等问题。刘宝辉在其论文《论西方代议制的历史渊源、理论预设

---

① 翟志勇主编:《代议制的基本原理》,中央编译出版社2015年版。
② 阎照祥:《英国政治制度史》,人民出版社2012年版,第41—94页。
③ 阎照祥:《英国政治制度史》,人民出版社2012年版,第46页。
④ 沈汉、刘新成:《英国议会政治史》,南京大学出版社1991年版。

与制度形态》中认为:"人民主权、普选原则、分权与制衡、少数服从多数是代议制的主要理论预设。"① 王政、齐欣雨则从历史和理论两个维度对代议民主的历史起源进行梳理,仍侧重于对代议制度进行分析。② 类似的代议制度史研究还有许小亮的《代议制的历史图谱:从中古到现代》③、邹旭怡的《西欧中古形成的代议制传统及其现代转化》④ 等。由上可见,国内学界关于代议方面的研究多集中于英国的议会制度,对代议思想则较少涉及。

另外,一批学位论文也讨论了英国议会制度的形成、发展和演变等问题。王丹的论文主要探讨了英国议会代表制度的演变问题,梳理了"谁是代表""代表什么"以及"如何代表"等问题,探究了在不同的历史阶段这几个问题在现实中造成的实际困难等。总体来说,作者认为,英国议会代表制度的发展是朝着民主的方向前进的。⑤ 黄腾龙在《13—16世纪英国议会选举》中对议会选举的背景、发展情况和历程进行了梳理和研究,认为这对英国的宪政成长至关重要。⑥ 马林则对英国议会的历史发展进行了分析。⑦

第二,对代议思想理论进行体系化探究。顾銮斋的《西方传统文化中的"同意"因子》一文主要分析了古典文化、日耳曼文化和基督教文化中的"同意"因子及其在三种文化中的表现。⑧ 虽然没有对代议思想做直接论述,但是文中讨论的"共同同意"本身就体现了政治权力来源于社会共同体以及"涉及众人之事应由众人决断"(拉丁语原文为 "quod omnes tangit, ab omnibus approbe-

---

① 刘宝辉:《论西方代议制的历史渊源、理论预设与制度形态》,《社会科学论坛》2016年第11期。
② 王政、齐欣雨:《代议制民主的历史起源与变迁》,《人民论坛》2015年第21期。
③ 许小亮:《代议制的历史图谱:从中古到现代》,《浙江社会科学》2015年第5期。
④ 邹旭怡:《西欧中古形成的代议制传统及其现代转化》,《传承》2008年第8期。
⑤ 王丹:《英国议会代表制度演变剖析》,硕士学位论文,吉林大学,2005年。
⑥ 黄腾龙:《13—16世纪英国议会选举》,硕士学位论文,哈尔滨师范大学,2014年。
⑦ 马林:《英国议会的历史发展再分析》,硕士学位论文,烟台大学,2012年。
⑧ 顾銮斋:《西方传统文化中的"同意"因子》,《文史哲》2011年第2期。

tur")① 的代议思想，所以具有较高的参考价值。例如，在文章中讨论的日耳曼文化里，各国法典的前言一般都讲述法典的制定过程，以昭告人民法律的颁行都经过了一定范围的协商和同意。再比如基督教文化中会议至上主义的主张，由全体教士组成的宗教大会的权威高于教皇的权威。其实，会议至上主义本身就体现了基督教内部的代议思想和宪政精神。同时，这篇论文还提到，通过代议的形式所讨论的话题主要是赋税征收、政府组建、教皇选举、国王权威与教皇权威等重大经济政治权力问题，这为笔者下一步研究英国中古代议思想的实践又指明了方向。

另一个需要关注的学者是丛日云，他对代议思想进行过研究。在对英国中古代议思想及其实践进行深入研究之前，需要先探究英国中古代议民主思想为何物。也许，试图对代议思想进行定义本身就有将其简单化的危险，但是如果不给出一个暂时性的描述，就无法对代议思想及其实践有进一步的探讨。所以，笔者通过理解丛日云在《论代议制民主思想的起源》②一文中主张的代议民主思想基本内容，认为可以粗浅地归纳为四个方面：其一，政治权力的源泉是社会共同体；其二，人民可以将权利转让给国王或皇帝，但是人民保留对政治权力的终极所有权及控制权，即可以收回；其三，使用公共权力应首先取得社会共同体的共同同意，即"涉及众人之事应由众人决断"；其四是关于代议民主思想的实践，即社会各个阶层（国王、贵族、大封建主、平民等）需选派出能够代表本阶层利益的代表，由代表组成的团体才有权行使公共政治权力。其中，立法权和征税权是中古政治权力的中心。

---

① *Justinian's Code* (5, 59, 5, par, 2-3). There are several English translations: what touches all is to be approved by all, what touches all should be approved by all, what touches all must be approved by all, what touches all ought to be approved by all, etc..

② 丛日云、郑红：《论代议制民主思想的起源》，《世界历史》2005年第2期。

另外，孟广林的多篇论文也不同程度地涉及了代议思想，在《中古西欧的"法大于王"与"王在法下"之辨析》一文中，他指出，"王在法下"的观念早在西欧社会中便有普遍流行的影子，当时的王国立法不过多是由专门人士搜集各地习俗而形成的，国王与贵族就这些习惯共同商讨，最后颁布成文。①

从期刊论文的研究状况来看，马西利乌斯、马基雅维利、托马斯·阿奎那、库萨的尼古拉等受国内学者关注较多。陈广辉考察了马西利乌斯对"自然法权"的认识。②赵卓然则对马西利乌斯的"反教权观"进行了阐释，认为其有机体论中的立法权在民和反驳教权派的教权至上的主张，都应用到当时的实践中，成功为王权派辩护。③信美利研究了马基雅维利政治思想中的"virtú"概念。④对库萨的尼古拉产生兴趣的学者亦不在少数，如李华的《"人是第二上帝"——略论库萨的尼古拉对人类精神的定位》⑤、杨俊的《论库萨的尼古拉的否定神学思想》⑥等。由此可见，国内学者对单个中古思想家的研究成果较为丰富，但却并未见代议思想或理论的专门论述。

在学位论文方面，截至 2022 年 4 月，以"中古代议"为检索词，输入中国知网优秀硕士学位论文和博士学位论文数据库，仅能搜到刘芳怡的硕士论文《代议制民主思想的起源研究》⑦。论文从政治、法律、经济、思想理论方面论述了代议制民主思想的

---

① 孟广林：《中古西欧的"法大于王"与"王在法下"之辨析》，《河南大学学报》（社会科学版）2002 年第 3 期。
② 陈广辉：《帕多瓦的马西留论自然法权》，《政治思想史》2019 年第 3 期。
③ 赵卓然：《〈和平的保卫者〉中的医学与有机体论》，《文化研究》2017 年第 4 期。
④ 信美利：《马基雅维利政治思想中的"virtú"概念》，《浙江师范大学学报》（社会科学版）2020 年第 2 期。
⑤ 李华：《"人是第二上帝"——略论库萨的尼古拉对人类精神的定位》，《基督教文化学刊》2017 年第 1 期。
⑥ 杨俊：《论库萨的尼古拉的否定神学思想》，《学理论》2009 年第 12 期。
⑦ 刘芳怡：《代议制民主思想的起源研究》，硕士学位论文，曲阜师范大学，2013 年。

起源，同样表达了"代议制民主思想的基本轮廓形成于中古"的观点。对代议民主思想的起源研究的范围较广，并没有集中深入研究思想的起源，并且研究资料比较单一，多集中于中文著作及中文文章，未能全面地探讨中古代议民主思想脉络。

另外，索尔兹伯里的约翰、坎特伯雷大主教斯蒂芬·兰顿等中古时期著名的教会学者，在其神学政治观统领下的政治思想中，同样蕴含着丰富的代议因素。赵卓然的博士论文《索尔兹伯里的约翰的政治思想研究》，对约翰的政治思想进行了系统研究，认为约翰的政府有机体论中的君主职位，是靠选举产生的。[1] 斯蒂芬·兰顿作为《大宪章》的主要起草人，他的代议民主思想的雏形不但在《大宪章》中有所表现，而且他还整理公布了亨利一世的《加冕宪章》[2]，其中也涉及了与贵族、高级教职等共同协商和同意的问题。王美君的博士论文《斯蒂芬·兰顿的政治思想与实践研究》探讨了兰顿的"教会观"。兰顿认为，教会在本质上是一个信仰共同体，其中涉及教会公共集体的事务须经"共同同意"。这无疑也触及了代议思想的实质问题。[3]

由上可见，国内学界对中古学者的研究成果较多，但少见专门的代议思想研究，更没有将他们的代议思想之间的联系与区别进行比较分析。这是本书将要进一步解决的重要问题。

如上所述，目前国内学术界关于中古英国代议思想及其实践的研究主要存在五个问题。其一，虽然不乏关于西方中古以及近现代代议民主制度的研究成果，但是对于中古代议民主思想仍缺乏系统、全面地梳理。其二，多集中于某个思想家政治思想的探

---

[1] 赵卓然：《索尔兹伯里的约翰的政治思想研究》，博士学位论文，山东大学，2016年。

[2] 参见 C. David Douglas and George W. Greenaway, *English Historical Documents* II 1042 – 1189, London: Oxford University Press, 1533。

[3] 王美君：《斯蒂芬·兰顿的政治思想与实践研究》，博士学位论文，山东大学，2019年。

究，并没有将其中的代议思想进行专门研究，更没有将他们的代议民主思想进行比较研究。其三，这些研究没有充分关注英国早期议会与近代以后议会的区别，有的甚至错误地将英国中古的政治制度等同于英国现代的政治制度，而没有注意到英国政治制度的历史性变化。英国中古的政治制度建立在自然经济的基础之上，本质上仍然是封建政治的存在形态；近现代英国政治制度则建立在市场经济或市民社会基础上，并通过民主化过程，逐渐演变为现代资本主义的民主政治。忽视这个历史差别，仅从词义上理解，显然会失去历史考察的真实性。其四，未能将英国民主政治制度和理念放到具体的历史场景和历史发展过程中考察，而过分注重从西方政治学家的思想理论和概念中去理解和阐释，不自觉地把它看成是某种政治概念的化身。其五，在相关研究中，关于英国近代政治史的研究占了很大比重，而对比较久远的历史场景则缺乏关注，这在一定程度上影响对英国政治制度特性的准确把握。此外，国内学者较多注重专门史研究，如法治史、议会史、思想史等，而缺乏对制度、思想和历史的综合研究。

对英国中古代议思想及其实践进行探究，须以不同年代重要宪政思想家的思想为基础。在这方面，国内学术界已取得一定成绩，虽然对每个思想家的研究并不完全均衡，但毕竟具备了对代议思想研究的条件。由于涉及不同思想家政治思想的文献较多，所以，本书首先选择笔者认为对当时及后世有深远影响的思想家作为研究对象；其次，着重研究这些思想家政治思想中的代议思想。

第一章　历史传统与文化环境

13—14世纪，英国已陆续出现了一些制度来规范议会的召开时间以及会议程序。① 与代议制的形成类似，代议思想的出现并不是突然镶嵌在中古英国的历史画卷上的。古典时期至中古早期出现的各种会议和政府管理制度，都可作为代议思想形成的历史传统和文化环境。古希腊罗马文化中的"代议因子"构成了中古英国代议思想产生的文化背景。除此之外，代议思想还受到中古早期英国政治和法律传统的影响，如盎格鲁－撒克逊时期的贤人会议，诺曼征服后国王主持的最高封建法庭、御前会议、御前扩大会议等。

第一节　代议因子

一　古希腊罗马文化

经历了"黑暗时代"的希腊文明从公元前800年左右开始复兴。从公元前7世纪开始，城邦政体从以君王为主导过渡为相对民主的贵族统治。贵族势力的兴起伴随着王政的衰弱，这是因为

---

① 沈汉、刘新成：《英国议会政治史》，南京大学出版社1991年版，第2页。

城邦的概念使人们达成了思想意识的统一，公民在城邦中有一定的权利与义务，经过发展最终形成了政治上的联合体。但是在大多数城邦中，人们获得公民权的前提，除了必须为男性之外，往往还需要拥有一定的土地，换言之，土地持有者更有资格参与城邦内公共事务的讨论与决策。① 所以，在王政被推翻后，政权首先由拥有土地的贵族阶级掌握，只是各城邦的发展程度不同，有些仅是由少数贵族统治的"寡头政治"，有些则形成了相对民主的贵族共和制。同时，除了贵族之外，有一部分自耕农也拥有一定数量的土地，具备一定程度的经济能力，于是他们能投入战争之中，并在城邦政治生活中开始有一席之地。与之前相比，民主的范围已经得到扩大，渐渐形成了一种原始民主的意识，为后世"政治权力来源于公民共同体"的代议思想奠定了历史文化基础。② 还有一点是笔者认为颇有趣味的浅见——僭主制政体中的"僭主"，在某种程度上出现了代议思想的朦胧意识。从出身而言，僭主往往出自一些被边缘化的贵族，他们能获得政权得益于贫民对既有制度的不满，具体而言是对无法参与公共事务的不满，于是，贫民便寄厚望于僭主，希冀他们上台之后进行变革。僭主一方面善于取得下层公民的信任，另一方面善于把握夺权的时机。上台之后，便着手进行相关变革：改善下层公民的经济状况；打破贵族特权，将权力从贵族下放至平民；颁布成文法，建立超越个人之上的政治秩序。尽管这些措施的真实目的在于提升僭主本人在城邦内部的威望，但是为了取得中下层人民的信任和支持，僭主曾承认"他的权力来自于人民的支持"。③ 当然，受历

---

① J. B. Bury and Russell Meiggs, *A History of Greece*, New York: St. Martin's Press, 1978, pp. 21–62.

② Paul Cartledge, *Cambridge Illustrated History of Ancient Greece*, Cambridge: Cambridge University Press, 1998, pp. 76–80.

③ 马克垚主编：《世界文明史（上）》，北京大学出版社2004年版，第221页。

史条件所限，民主的氛围并未由此完全建立，基于个人对权力的欲望，政体很容易转化为独裁。

希腊移民运动促进了殖民城邦的建立。这其中，有为了开拓金属运输商道而建立的马西利亚和伊特鲁里亚，也有为了缓解粮食紧张而建立的粮食运输要塞——米利都和麦加拉，还有完全为了发展商业活动而建立的诸如诺克拉提斯等商贸城市。总之，这些殖民城邦和商贸城市基本满足了希腊人经济发展的需要，使得各城邦之间的商贸活动更为密切，从而促进了经济的蓬勃发展。但是同时也加大了各城邦之间以及城邦内部的贫富差距，这种差距从古风时代的墓葬情况就可以看出。社会矛盾随之而来，尤其体现为贵族与平民之间的矛盾。从古风时代的诗歌作品可以看出，平民对贵族的奢华生活以及他们在政治权力上的特权甚至是垄断不断提出抗议。

斯巴达在公元前431—前371年称霸希腊，成为伯罗奔尼撒半岛上实力最强的城邦。对外，斯巴达联合半岛上其他各城邦组成"伯罗奔尼撒联盟"，与城邦代表共同召开"早期议会"，商议岛内事务。[①] 对内，斯巴达人在政治制度上更偏向于贵族寡头制，较富有的公民在年老之后几乎都可以加入由28位"长老"组成的议事会。无论是"伯罗奔尼撒联盟"的"早期议会"形式，还是28位"长老议事会"，都体现了"涉及众人之事应由众人决断"的同意原则。尽管当时民主仅仅指贵族、"长老"或富有的公民，还达不到"众人"的范围，仍可从中看到代议思想的萌芽。其实，为了缓和城邦内公民之间的贫富差距，斯巴达王也做出过"赋予全体公民更多权利"的姿态，他曾将美塞尼亚的土地平均分配给每个公民，还称斯巴达为"平等人公社"。虽然平分的只是美塞尼亚的土地并不涉及贵族在其他地方所拥有的土地，

---

① 马克垚主编：《世界文明史（上）》，北京大学出版社2004年版，第224页。

但是斯巴达王已经有意识地用改革来实现公民在土地和政治上的平等权利，也认识到将民主的范围扩大至贫民是缓解城邦内紧张局面的有效方法之一。①

我们再来看一下雅典的梭伦改革和克里斯提尼改革。当时，传统贵族和大多数贫民存在严重冲突，为缓解这种紧张关系，梭伦鼓励贫民参加公民大会。经过改革，雅典更多公民——尤其是贫穷的公民——有机会通过公民大会以及新设立的民众法庭了解公共事务并参与决策，行使公共权力。作为城邦内最高权力机关，公民大会在商讨立法、宣战等城邦重要决策时，不仅征询富有的公民或传统贵族的意见，也考虑贫民的意见。这一举措体现了公共权力的使用以社会共同体的同意为基础。在梭伦之后，为实现更广泛的民主和平等，克里斯提尼进一步改革公民大会。他废除四个血缘部落，取而代之的是十个拥有相等数量的三大行政区域（平原、海岸和山地），从而可以保证每个行政区域的公民数量基本一致。这样，五百人议事会便由每个行政区抽签选出的50个代表组成。根据代表不连任的规定，几乎每个公民都有机会参加五百人议事会。这种由抽签决定的直接民主的方式对中古晚期代议制的形成产生一定程度的影响。

希波战争期间，贵族会议参政议政的权力逐渐被剥夺，取而代之的是公民大会、五百人议事会和民众法庭。从公元前457年开始，第三等级的公民也可以担任执政官。伯里克利担任首席将军后在演说中更是强调"所有人在私人纠纷中的平等性"和"个人能力在担任公职中所占的重要性"②，换言之，公职的担任不应该被某个特定阶级所垄断。雅典民主改革进程使得民主的范围逐

---

① Paul Cartledge, *Cambridge Illustrated History of Ancient Greece*, Cambridge: Cambridge University Press, 1998, p. 82.
② 马克垚主编：《世界文明史（上）》，北京大学出版社2004年版，第233页。

渐扩大,"政治权力的最终来源是公民共同体"的思想贯彻其中。

及至古典时代,雅典人在伯罗奔尼撒战争中最终失败并不是因为斯巴达盟国多么强大,而是雅典人内部的党争和不团结。① 比如公元前415年,雅典的亚西比德将原本计划攻打西西里岛叙拉古城邦的军事机密告诉了斯巴达,致使雅典一败涂地。事实上,在雅典内部,亚西比德被诬陷"亵渎神明"、叛国,他为寻求庇护转而投奔斯巴达,成为一名政治投机者。为了揣测寡头派的心思,亚西比德更是将以往信奉的"民主制"在斯巴达贵族面前曲意逢迎成"得到承认的一种精神失常"②,这使得原本就想抓民主派把柄的寡头派大为开怀,因而接受了他。亚西比德的叛国行为从微观上展示了这样一个事实:雅典和斯巴达的矛盾从来不只是城邦联盟之间的内战,还有意识形态上的相悖。更值得推敲的是,按照修昔底德"内部不团结"的看法,亚西比德在雅典被诬陷的事件有可能是雅典民主派受了城邦内部敌对势力的挑唆。因此,无论是在雅典城邦内部,还是雅典对外征战中,都是民主制与寡头制、民主制与独裁制的一次次较量,战争的爆发给希腊带来了极大的创伤,这也是民主制在发展历程中与同时代的寡头制和独裁制长期矛盾激化的结果。

在古罗马文明中,元老制和公民大会是最直观体现"公民共同体是政治权力的最终来源"的政治形式,对代议思想的萌芽有着极大的推动作用。罗马王政时代的公民大会或国王顾问会议以及共和国时代的元老院都可以看作中古时期贤人会议或御前会议的前身。古罗马的元老制度和公民大会可以追溯到公元前7世纪前半叶的拉丁姆地区,此时的拉丁姆地区已经陆续出现近40个以

---

① [古希腊] 修昔底德:《伯罗奔尼撒战争史》,谢德风译,商务印书馆1963年版,第78—84页。

② 马克垚主编:《世界文明史(上)》,北京大学出版社2004年版,第235页。

父权制度的家族为基本单位的城邦。城邦内的元老会议和公民大会由国王以及家族长组成。罗马城邦后来逐渐成为这个地区各城邦的领袖。① 公元前6世纪中叶，罗马王政时代有三个来自伊达拉利亚的国王，事实上，早在三个国王之前，伊达拉利亚文化就对罗马城邦的早期成长影响颇深。其中第二个伊达拉利亚国王塞维·图里乌斯对罗马军队的改革最为著名，这对之后罗马的政治结构具有重要意义，尤其是公民大会的组织形式。塞维将罗马军队改革为由193个百人队组成，并将公民按照财富水平分为5个等级，财产最多的第一等级提供80个百人队；骑士等级位于第一等级之上，提供18个百人队；其他的则由更低等级的普通公民提供。公民大会则转变为以百人队为单位的建制，每个百人队先按照多数人原则统一意见，然后在公民大会上投出自己的一票。② 按照这样的原则，第一等级和骑士阶级握有98票，平民则有95票，决定权基本掌握在富裕者手中。这样的军事改革对罗马的政治制度以及社会结构具有重要意义。当然，富裕公民在享有政治特权的同时也要承担繁重的军事义务，体现了一定程度的政治权力的公平性。

在公元前5—前4世纪古罗马的政治生活中，平民始终被排斥在贵族阶级之外，致使平民与贵族两大集团之间斗争不断。在立法制度上，平民选出5位保民官作为代表，并规定保民官有反对执政官立法提案的权力，这使得他们在立法权中有一席之地。在法律制度上，平民央求拟定成文法典：从公元前450年的《十二铜表法》开始，法律对贵族横行霸道、欺压平民的不公正行为有所限制；公元前449年的《卡努雷阿法案》允许贵族与平民通婚，平民可以通过联姻进入贵族阶级，这有利于打破两者之间过

---

① 马克垚主编：《世界文明史（上）》，北京大学出版社2004年版，第259页。
② 马克垚主编：《世界文明史（上）》，北京大学出版社2004年版，第264—265页。

于紧张的婚姻和政治关系；公元前367年的《李锡尼－塞克斯图法案》规定，执政官中有一人务必来自平民阶级，并且鼓励祭司团体中也应该吸纳一部分平民；公元前287年的《霍腾西阿法案》使平民大会与全体公民大会的决议有相同的地位，因为之前的公民大会基本由贵族掌控，这项法案有效地避免了政治上的垄断性。① 由上可见，这些法案体现了把政治权力一步一步还给平民的过程；同时，平民中的上层逐步获得与贵族相当的地位，成为罗马新贵族阶级。

经"布匿战争"一役，罗马确立了在地中海地区的统治地位。节节胜利的罗马自感军事实力强大，不屑于与新的被征服地区联盟，于是创立了行省制度加以管理。行省内的人没有公民权也没有服兵役的义务，但须向罗马缴税。在罗马城市内部，元老院贵族垄断政治权力，骑士通过征战和向行省收税大发横财，小农阶级却因参战而荒废了农业，得胜后又因行省的廉价农作物的不公平竞争使得他们濒临破产，致使民怨四起。无形中激化了元老贵族、骑士和小农阶级之间的矛盾，为共和国内战的爆发埋下伏笔。

事实上，中古学者对古希腊罗马民主政治的评价基本是负面的。② 哪怕是13世纪萨索菲那多的巴托鲁斯所描绘的意大利城市共和国体制（下文有述）产生的初期，这些城市也仅仅认为自己是从古罗马共和国中吸收了有关意识形态的支持，而不是所谓的"民主政治"的拥护者。③ 同时代的"亚里士多德革命"中，以托马斯·阿奎那为代表的中古经院哲学家将亚里士多德在《政治

---

① ［俄］科瓦略夫：《古代罗马史》，王以铸译，生活·读书·新知三联书店1957年版，第22页。
② 魏凤莲：《古希腊民主制研究的历史考察》，山东大学出版社2008年版，第17—18页。
③ ［英］约翰·邓恩主编：《民主的历程》，林猛等译，吉林人民出版社2003年版，第71—72页。

学》中关于民主制的阐述解读为"多数人为了个人的利益而进行的统治",这种解读无疑使"民主"有了暴民政治的倾向。在《论王权》中,他也曾表达了"民主就是平民依靠人数上的优势去压迫富人"的主张。随着中古后期君主权力逐渐达到鼎盛,许多学者的观点其实是在古希腊罗马的经典之上进行必要的曲解。他们对当时政治体制的分析既无法脱离古典文化,又想顺应当时君主制度的发展态势,便有意将古典文化中的"民主"因素进行弱化。例如,马基雅维利将亚里士多德提出的政府形式简化为君主国和共和国两种;纪尧姆·比代在接受亚里士多德的观点时,将其关于政府形式的论点歪曲为"除了由正统的君主统治下的君主制之外,其他任何的政府组织形式都类似于暴虐的僭主政治"[①]。其实,在民主政治观念上,古希腊罗马与中古相比存在一定程度的差异。但是,这种差异更多是不同的时空背景造成的。从本质而言,中古西欧尤其英国的政治思想,包括孕育其中的代议思想,在一定程度上与古典文化中的代议精神一脉相承,尤其是古希腊罗马时期公民大会、五百人议事会、民众法庭等行政管理方式,为中古英国代议思想的产生奠定了文化根基。

二 基督教文化

贤人会议和封建法庭是中古早期世俗政府最具代表性的国家管理形式。在教会内部,高级教士依托宗教会议这样的民主形式管理教会事务,如"早期宗教全体大会"。在此笔者以惠特比宗教会议为例,阐述并分析基督教文化对后世代议思想的影响。诺森伯利亚国王奥斯维(641—670年在位)是一位对宗教事务做出

---

① [意]萨尔沃·马斯泰罗内:《欧洲政治思想史:从十五世纪到二十世纪》,黄华光译,社会科学文献出版社1998年版,第19页。

独特贡献之人。664 年惠特比宗教会议上,他确立了罗马基督教会对不列颠基督教会的领导权。惠特比会议被同时期的比德[①]详细收录于《英吉利教会史》的第三卷第二十五章中。自从奥古斯丁到不列颠传教,罗马基督教会不仅要和异教教派竞争,还要和"爱尔兰基督教派"进行角逐。两派常常看起来是在某些无足轻重的形式问题上意见相持不下,事实上这些问题却关系到基督教教义发展方向。根据比德所载,惠特比宗教会议讨论的事项涉及复活节日期、削发式以及其他一些教会内部的小问题。在这些问题上,爱尔兰教派不看重罗马教廷训令,而主张清修、与世隔绝般的、类似于"隐居"的教会生活;罗马教派教士自然是信奉罗马教皇诫令,对"从属于坎特伯雷大主教的教士"的认同感十分强烈。[②] 惠特比宗教会议的召开终止了这一争端。从这点看,在七国时代就已经有了"全体宗教大会"的雏形,教会内部在意见不一致时,召开由教会系统中不同教阶组成的集会,当然也可叫作"便餐"[③]。一般而言,教会会议由国王主持,意见相左的教会双方各抒己见,公开辩论。从议事程序来看,国王先进行一段开场白,宣布议题内容,协调双方陈述观点,确保他们在陈述时间上的公正性,由此掌控会议的整体进程,最后宣布集体通过的最终决议。这里需要注意的是,虽然会议由国王主持,但是他的介入只为增强会议的权威性,或者说表明此次会议相较于其他集会或"便餐"的特殊性。国王对最终决策其实并不具备决定性,会议决策的最终结果由双方的陈述质量所决定。

据比德所载,参加惠特比会议的成员包括诺森伯利亚的国王

---

① 大约生于 672 年或 673 年。
② [英]比德:《英吉利教会史》,陈维振、周清民译,商务印书馆 1996 年版,第 3—4 页。
③ 富勒在《不列颠教会史》中曾提道:"在这个会议或便餐中,总之随你怎么叫。" Thomas Fuller, *Church-History of Britain*, Cambridge: Cambridge University Press, 1655, chap. 91.

奥斯维及王子阿尔奇弗里德，林迪斯凡主教科尔曼以及他的爱尔兰教派教士，西撒克逊主教阿吉尔伯特以及陪同的神父阿加塞和王子的老师威尔弗里德神父。同时，支持主教阿吉尔伯特的有罗切斯特大主教波莱纳斯的助祭詹姆斯以及由王后从肯特带回的一名神父罗马努斯，会议所在地斯特里尼沙尔奇修道院院长希尔德及其随从则站到科尔曼的一边。① 会议本该由科尔曼和阿吉尔伯特为主要发言人，事实上为省却翻译之繁复，阿吉尔伯特授意其门徒威尔弗里德神父用英语代为陈述观点。罗马天主教派信奉的复活节日期应该为阴历十五至二十一之间，爱尔兰教派坚持在阴历十四和二十之间守主的复活节日。据此，威尔弗里德引用了《福音书》和《律法书》的典故抨击科尔曼，具体来讲：彼得在《福音书》中是在阴历十五至二十一之间守复活节；而约翰守复活节的日期是根据《律法书》，并不是一定要在安息日后的第一天，但是苏格兰人往往总在安息日后的第一天守复活节。因此，威尔弗里德言辞激烈并得出大胆的结论：科尔曼等人的做法既没有效法约翰，也没有仿照彼得，既相悖于《律法书》，又相悖于《福音书》。可见教会辩论的双方并不是不痛不痒的客套流程，反而句句切中要害，并未给对方留有情面。另一方的科尔曼则举出圣人阿纳托利乌斯的作为进行反驳，因为阿纳托利乌斯坚持在阴历十四和二十之间守复活节，此人在基督教史上的地位又颇高，被认为是已被上天选中并能表现出神奇异能的神圣之人，其教风之正毋庸置疑，又怎么能够被冠以"违背《律法书》和《福音书》"之名呢？这时，威尔弗里德引用了《马太福音》第七章第二十二节的内容："在最后审判的日子里，当许多人对主说他们是奉主的名预言、奉主的名赶鬼、奉主的名行许多异能的时候，

---

① ［英］比德：《英吉利教会史》，陈维振、周清民译，商务印书馆1996年版，第208页。

主会说，他从来不认识这些人。"① 这个例子颇具讽刺意味，威尔弗里德以此来影射哥伦巴教父等苏格兰人，因为后者声称他们所遵奉的复活节日期是遵循了阿纳托里乌斯的规矩和诫命，继承了圣人的圣洁。然而，正如"主说他从来不认识这些人"一样，阿纳托里乌斯可能也同样会否认这种由苏格兰人单方面认同的传承关系。会议的高潮在于威尔弗里德认为科尔曼等人有"将阿纳托利乌斯或哥伦巴教父置于最神圣的使徒之首"的嫌疑，重申只有"被天主授予天国的钥匙的彼得"才有此殊荣，因此，彼得所遵奉的复活节日期才是真正的圣人之选，并借势直接将罗马教会的教令定义为《圣经》所肯定的教会的教令。这时，国王并没有再邀请科尔曼进行进一步陈述，反而将辩论终止，表明自己并不愿意得罪天国大门的看门人——彼得——的立场，以免影响自己日后进入天国。国王用这样一种隐晦的语言宣布了会议决议，发挥了国王对会议决议结果导向性的作用。比德在这一章的最后记录道："最终罗马教派的完美习俗赢得了所有教士的赞同。"鉴于比德属于罗马教会，他用了"所有的人"② 来表达对罗马天主教派完胜的自豪感以及对结果无争议性的刻意强调。然而，当时的事实情况或许并不是如此，也许是因为中间有某种范围内的投票，也许是国王话语权的导向性起了作用，使得罗马天主教派在会议结果中的确占了上风，但并非比德口中的得到"百分之百"的赞同。

另一方面，七国时代的国王在基督教会中拥有一定权力，如主教任免权。主教任命虽然不是由国王直接决定，但是国王的意见起到了一定的作用，可以说国王享有"间接"的主教任免权。

---

① 《马太福音》第十六章第十八节。
② [英]比德：《英吉利教会史》，陈维振、周清民译，商务印书馆1996年版，第214页。

据比德的《英吉利教会史》第三卷第七章所载,"经比林纳斯传教,西撒克逊人接受了《圣经》"①。比林纳斯在教皇的授意下由米兰大主教阿斯泰里乌斯授予了主教圣职;除比林纳斯之外,另外三位主教阿吉尔伯特、洛西尔,以及阿吉尔伯特和洛西尔中间的一位名为威尼的主教,在他们的权力更迭中,国王的意见起到了相当大的作用。首先,西撒克逊老国王辛尼吉尔斯在接受比林纳斯主教的洗礼后,赐予他温彻斯特这座城市,并设立主教教堂,但老国王去世后,他的儿子森瓦尔继任后曾一度拒绝皈依基督教,后因被讨伐在东英吉利流亡三年,在那里深受东英吉利王安纳的影响,最后改而接受基督教和天国圣礼。因此森瓦尔归国复位后主动授予阿吉尔伯特主教的职位,让后者在人民中传播福音,并祈盼能以这种方式得到天主对国运的庇佑。至此,温彻斯特的第二位主教阿吉尔伯特实际由国王直接授予。由此国王具有了主教任免权。后来,因为森瓦尔只通晓撒克逊语,对身为法兰西人的阿吉尔伯特的"异邦语言"感到沟通不畅,十分费力,便请来了同样会撒克逊语的威尼主教②,并擅自将原先管辖地区分为两个教区,让威尼负责其中一个,这等于变相驱逐阿吉尔伯特。没过多久,阿吉尔伯特便离开了西撒克逊回到法兰西的巴黎城做主教。从这个事例可见,即使国王没有直接罢免主教的权力,但他可以凭借自己的政治权威,左右主教的罢免事宜。在主教一方,阿吉尔伯特因缺少足够的政治或经济实力无法反抗或制裁国王的行为。在当时,还未真正形成教俗相互制衡的"二元政治体制",即便是高级教士对国王也只能听之任之,其任职与罢免受国王影响很大。后来,威尼被森瓦尔赶下台之后,西撒克逊

---

① [英]比德:《英吉利教会史》,陈维振、周清民译,商务印书馆1996年版,第163—166页。
② 威尼是在法兰西被任命为主教。

王国经历了一段主教空缺期。最终，森瓦尔认可了由阿吉尔伯特推荐的主教候选人——他的侄子洛西尔。洛西尔虽然是由教会高级人士提名的，但其任职仍需得到世俗国王的同意。可见，七国时代主教的任命即使不是由国王直接指定，也必须征求国王的意见。

国王对主教任命权的控制还体现在威尼被森瓦尔赶下台之后。威尼前往麦西亚向国王伍尔夫希尔用钱求取了伦敦城主教的职位，一直担任此职直至去世。[①] 这种教职买卖的行为在高卢教会中属于较为普遍的现象，后来这种做法在盎格鲁-撒克逊人中流行开来。这是国王的主教任命权比较露骨的一种表现方式。

国王还可以推荐他们认为品行高尚的圣人为主教候选人。例如诺森伯利亚国王阿奇尔弗里德就通过法兰西国王克洛赛尔（Clothaire）三世将他的老师威尔弗里德送至巴黎，请巴黎主教阿吉尔伯特为威尔弗里德授予约克主教的圣职。在当时，国王对于教会高级神职人员有一定的威信，阿吉尔伯特对国王所托付的这类请求也并没有什么异议。值得注意的是，威尔弗里德于664年被任命为约克主教，一直就任至677年。在此期间，查德于665年或666年也被任命为约克主教直至669年被免职。[②] 也就是说，在将近三四年的时间里，约克并行出现两位主教。这是因为，威尔弗里德因接受任命在法兰西逗留期间，阿尔奇弗里德的父亲奥斯维王将神父查德送至西撒克逊王国温彻斯特主教威尼那里，请他任命查德为约克主教。查德是林迪斯凡主教艾丹的门徒，自然也就受承于一部分爱尔兰教派的信仰。查德被免职的结局被比德描述为"普世作法日益普及"，这里的"普世作法"指的是《圣经》所肯定的普世教会的教令，在比德的笔下也就等同于罗马教

---

① ［英］比德：《英吉利教会史》，陈维振、周清民译，商务印书馆1996年版，第165页。

② ［英］比德：《英吉利教会史》，陈维振、周清民译，商务印书馆1996年版，第424页。

会的教令,也就是说"罗马教会的教令日益普及"。因此,查德被免职也正预示着罗马天主教派在英格兰教会的布教逐渐取得胜利。在这里,奥斯维王之所以支持查德为约克主教,主要是因为奥斯维在苏格兰长大,受苏格兰人洗礼,精通苏格兰语,尽管他在惠特比会议上有一定功劳,对罗马基督教在英格兰教会的传播有所贡献,但是在这件事情上仍体现了某些私心和挣扎。

三 日耳曼文化

罗马共和国和帝国时期,由监察官和财务官负责国家财政的相关事务,其不同之处在于:监察官主管国内事务,诸如公民财产登记以及战时战费的征收等;财务官则主要负责战利品的入库和交易,这在当时是十分关键的财政收入项目,国库的充盈与否大部分取决于战利品,监察官并没有资格触及这部分财政收入的管理。[①] 国家管理的关键性财政事务由财务官负责,再加上后来参与公民大会以及对重大刑事案件的审判权,使他们的权力范畴并不局限于国家财政,可以说,在某种程度上,财务官已经相当于执政官的副手。因此,塔西佗从财务官之职到88年提升为大法官,其当时仕宦生涯的高度可想而知。塔西佗出生在罗马帝国时期的一个旧贵族家庭中,他在作品中多次表达了对共和政体的怀念。他认为,在帝制下,共和派的旧贵族阶级无疑丧失了很大程度的话语权,这表达了他对政治上更大"自由"的向往。

塔西佗在《阿古利可拉传日耳曼尼亚志》中并没有掩饰他作为一个罗马人的优越感,他认为罗马文化所发展的高度,无论是在物质文明还是在社会组织上,都是那些日耳曼"蛮族"部落远不能企及的。不过,与此同时,塔西佗也指出了在这些异族中朝

[①] 马克垚主编:《世界文明史(上)》,北京大学出版社2004年版,第277页。

气蓬勃的力量，不仅是日耳曼人骁勇善战的精神，更可贵的是在风俗习惯中那些"自由"的气息，与当时塔西佗笔下盛极而衰的罗马帝国的不"自由"形成了某种对比。虽然塔西佗的目的是为"帝国时期的共和派成员在政治权力上受到限制"来发声，但是对于本书研究同时期日耳曼人在部落时代的政治组织和政治生活却极具史料价值。

在日耳曼人中，无论大小事宜，都需要先经过部落首领的商讨，也就是说，国王或首领并不能独断专行，他们的权力是受到限制的。除了统治阶级内部的相互制约，同时，对于部落的重大事项，经首领商讨后，最终决定之权是属于部落整体的。这源于日耳曼人的风俗习惯，他们会在固定日期内召集会议处理公共事务，通常为月圆之时以求吉利。[1] 当会议召集时，一般需要两到三天的时间聚集起足够多的人数（由于古代并没有完善的人口管理制度，不可能做到完全意义上的"部落全体人员"），国王或首领会根据年龄、出身和在人民中的威望等，推举出一位合适的人选发言。富于斗争的日耳曼人会携带武器前来，在会议开始后，如果大家认为这位代表所言很有说服力并同意他的意见，便会挥动手中的矛以示赞同；如果人们不满意他的言论，便会当场直接表达出叹息。重大事项需经部落全体人员商议后决定，所选代表对全体人员并没有命令之权，只有说服的效用。日耳曼人处理重大事务的这一全过程，以一种来自原始部落时代的方式展现了日耳曼人对于公共权力使用的处理方式，并且最直接地体现了"涉及众人之事应由众人决断"的代议民主思想。

到了墨洛温王朝，法兰克人为使军队不断壮大和稳定，在征服高卢地区后，将军队的成分变得更加包容和丰富。这个时期，

---

[1] ［古罗马］塔西佗：《阿古利可拉传日耳曼尼亚志》，马雍、傅正元译，商务印书馆1959年版，第40—53页。

法兰克王国允许高卢－罗马人参军，与法兰克人共同构成军队的主力。[①] 军队如此包容，或许有一部分原因在于贵族阶层的联合，高卢－罗马贵族凭借良好的教育背景和丰富的统治经验，与法兰克贵族共同分享宫廷以及地方官职，还垄断了教会的高级教职，同时，法兰克贵族也因此与罗马人共同分享罗马帝国几个世纪以来沉淀下来的先进文明。法兰克贵族与高卢－罗马贵族之间的联合也从政治领域延伸到军事领域。统治阶层双方之间的相互联合在平民阶层也同样有所延伸。原先生活在高卢地区的罗马人的土地并没有因为顺服法兰克人而被侵吞，这使得他们有成为战士的资格。因为无论是罗马人还是法兰克人，只有拥有小块土地的自由农才有资格成为战士，土地所有权往往是他们享有人身自由和民主权利的保证，也是使他们可以被划为"人民"范畴的保证。法兰克王国时期，战士和国王之间的关系往往表现出日耳曼部落时代的军事民主制遗风。这样的民主遗风在某种程度上为中古代议思想提供了历史资源，体现了王权源于人民权力的转让，但人民仍保留着对它的所有权以及终极控制权。[②] 这种终极控制权在某个特殊时间或事件中会限制国王对人民的统治权。以公元555年洛塔尔国王被战士逼迫对撒克逊人发动战争为例。洛塔尔的侄孙提乌德贝尔特去世后，里普阿尔法兰克人的土地由洛塔尔继承，这部分土地位于法兰克王国的东部，比邻撒克逊人的居住地。刚刚即位的国王洛塔尔在国内例行巡行时，奥斯特拉西亚的人[③]向他报告说，撒克逊人态度傲慢，反对这位新国王并且有拒缴每年规定的贡赋之嫌。洛塔尔听后大怒，随后决定向撒克逊出兵。但就在他即将到达法兰克－撒克逊人的边境的时候，来自撒

---

① ［英］保罗·福拉克主编：《新编剑桥中世纪史（第一卷）》，徐家玲等译，中国社会科学出版社2021年版，第144页。
② 丛日云、郑红：《论代议制民主思想的起源》，《世界历史》2005年第2期。
③ 东部法兰克人的居住地后被称为"奥斯特拉西亚"。

克逊的使者向洛塔尔诚挚地解释道，他们未曾对法兰克新王有怠慢不恭的态度或想要逃避贡赋的想法，相反，如若洛塔尔国王对纳贡有更高的要求，撒克逊人也愿意多缴以表达祈求和平的心愿。洛塔尔听后怒气平息并决定就此结束这次进军，但是他的臣民依然要求进攻撒克逊人。不久后，撒克逊人又进献了一半财产请求讲和，但是里普阿尔法兰克人依然不领情。当撒克逊人第三次将全部牛、衣服等动产拿来献贡之时，连洛塔尔国王本人都认为撒克逊人的诚意了然于目，他对随从人员和他的臣民请求道："公理并不在我们这边，再不罢休便会引来上帝的震怒，如果你们执意要进攻撒克逊人，我也不会去。"没想到这一言论却招来人们的愤怒，他们撕扯洛塔尔的帐篷并粗鲁地辱骂他，威胁称若不继续进军便把他处死。至此，国王即便心中恼火，声称人们的要求违反了自己的意愿，会对上帝犯罪，但在这种情况下也只好作罢，跟着他们一同进攻撒克逊人。①

再如希尔德贝尔特二世的战士阻止国王与希尔佩里克盟好时的坚决态度，人民有权力反对国王及贵族奉行的对外政策，因为政治权力的最终来源应该是社会共同体，法兰克人民对于国王的决定具有一定的否决权，足以见得在那个时期代议民主思想已开始萌芽。公元582年，法兰克王国的纽斯特里亚王希尔佩里克挑拨他的侄子奥斯特拉西亚王希尔德贝尔特二世与他的哥哥勃艮第王贡特拉姆的关系，将希尔德贝尔特的父亲西吉尔贝特的死因隐晦地与贡特拉姆联系起来，接着，希尔佩里克趁机与希尔德贝尔特结盟对付贡特拉姆，并倚仗着这份盟约，亲自并命令他的公爵们带着军队攻击布尔日地区②。一路上随着

---

① [法兰克]都尔教会主教格雷戈里:《法兰克人史》，[英]O. M. 道尔顿英译，寿纪瑜、戚国淦译，商务印书馆2012年版，第160—162页。
② 勃艮第王贡特拉姆的统治地区。

一个个城市的推进，希尔佩里克的军队四处摧残破坏，房子、葡萄园等建筑物均遭到抢劫掳掠，就连教堂都被烧毁，教堂内的圣器也被偷走。① 鉴于他的恶行，希尔德贝尔特国王带领的战士反对与希尔佩里克结好，他们认为希尔佩里克的行为是不正义的，他用对待敌国的方式对待同胞，与这种国王结盟一定会影响奥斯特拉西亚的发展，主张抛弃成见，与贡特拉姆交好。于是，战士公然直言，诸如兰斯主教埃吉迪乌斯等这些显贵人物表面上为希尔德贝尔特国王出谋划策，事实上却是在逼迫国王与邪恶之徒希尔佩里克结盟，实属出卖国家的行为。随即，战士一边大声谩骂一边拿起武器冲向主教和贵族的营帐，对他们进行攻击以示抗议，主教提前得到情报后落荒而逃，却依然没有逃脱人们追在后面朝他扔石头，直到回到他的兰斯城才逃过一劫。这些战士多为拥有小块土地的自由农，即便没有土地，也都是享有人身自由和民主权利的自由人。正是人民对于政治生活的这种积极参与意识，孕育了中古代议民主思想的萌芽。

除此之外，人民还曾对法兰克诸王征收重税奋起反抗。公元548年左右，在提乌德贝尔特国王病重期间，他的内廷官员帕尔特尼乌斯对人民苛征重税。人民对他深恶痛绝，在国王去世后立马对他进行追捕。帕尔特尼乌斯得知自己的危险处境后寻求两位主教的庇护，之后便被送到特里夫斯的一处教堂中，屈辱地窝藏在一个大箱子里。然而不久后，帕尔特尼乌斯被发现并被人民愤怒地用乱石砸死。② 希尔佩里克也曾重新拟定纽斯特里亚税制，法令规定新税额为"每半亩葡萄园需缴纳一罐约 25 升的酒"③。

---

① ［法兰克］都尔教会主教格雷戈里：《法兰克人史》，［英］O. M. 道尔顿英译，寿纪瑜、戚国淦译，商务印书馆 2012 年版，第 322—326 页。
② ［法兰克］都尔教会主教格雷戈里：《法兰克人史》，［英］O. M. 道尔顿英译，寿纪瑜、戚国淦译，商务印书馆 2012 年版，第 141—145 页。
③ ［法兰克］都尔教会主教格雷戈里：《法兰克人史》，［英］O. M. 道尔顿英译，寿纪瑜、戚国淦译，商务印书馆 2012 年版，第 251—253 页。

第一章 历史传统与文化环境

如此重税主要针对高卢－罗马人，法令的出台几乎逼走了他们中的绝大多数，因为这种高额税基本上是无法负担的，即使留下来最终也有可能落得"抗税"的罪名。更有甚者，如利摩日人民，他们聚集在一起，约定直接将奉国王之命前来执行这项法令的税官马尔克刺杀，并烧毁他手中的税册。虽然最终马尔克有幸得到费雷奥卢斯主教的搭救，免遭杀害，但是税册的确被人们付之一炬。从这两个例子可以看出，税权作为一项重要的政治权力，在中古初期基本由国王或权贵直接掌控，换言之，税权可以说是王权的一部分。利摩日人民刺杀税官、烧毁税册这一系列勇于反抗的行为，体现了王权源于人民权力的转让，如若国王滥用王权，人民仍保有对它的终极控制权，即否决权。

不仅是王权，贵族的权力来源同样如此。昂热①的伯爵提奥杜尔夫就曾遭到城内人民的驱逐。公元585—586年，勃艮第王贡特拉姆妄图侵占他的侄子洛塔尔国王的土地，即纽斯特里亚，于是擅自任命提奥杜尔夫为昂热的伯爵。②这种"名不正言不顺"的任命引起了当地人民的不满，人们将他赶走以示抗议，不同意将自己居住的一方土地交由这样一个人来管理。这表明，尽管对国家的整体统治权使国王有任命公爵、伯爵等贵族的权力，但是国王的任命并不等同于提奥杜尔夫实际获得了城市管辖权，正如上文所述，连王权都来自人民权力的转让，贵族的管辖权更需要获得当地居民的认可才能有效，人们始终保留对当地管辖权的终极所有权和终极控制权。除此之外，野心勃勃的贡特拉姆在征服之路上，他的军队也曾遭到被侵扰地区（如图卢兹）居民的驱逐，可见法兰克王国时期，地方统治权和控制权从来都是掌握在

---

① 位于纽斯特里亚的一个城市。
② ［法兰克］都尔教会主教格雷戈里：《法兰克人史》，［英］O. M. 道尔顿英译，寿纪瑜、戚国淦译，商务印书馆2012年版，第417—422页。

人民自己手中的，体现了政治权力来源于公民共同体。图卢兹人民对贡特拉姆军队的驱逐为中古代议民主思想的形成提供了实践上的启发。贡特拉姆军队对图卢兹地区肆意滋扰的行为就曾惹怒当地居民，使他们得到机会便奋起反击。贡特拉姆原本打算征服塞普提曼尼亚地区，但征服的过程极其残暴，军队在从勃艮第向卡尔卡松[1]推进的时候，就已经开始蹂躏沿途地区，到处烧杀抢掠，砍伐乡村的橄榄树，切断葡萄藤，还抢劫教堂，连金银器皿等圣物也一并掠走，更有甚者在神圣场所杀害教士和主教以及世俗人士。[2] 终于，贡特拉姆这支肆意暴行的军队在图卢兹附近中了哥特人设下的埋伏，遭到截击，死伤无数。曾遭到贡特拉姆军队残害的图卢兹人这时也奋起反抗，粗暴地回击他们，使原本在伏击中所剩无几的士兵更无生还的可能。

第二节　贤人会议

凡重大事务交由集体讨论的原始民主方式，早在部落时期便已出现。例如，在古代的美索不达米亚一个原始部落中，国王是由会议集体讨论决定的。[3] 在古代印度，同样存在着某种协商会议的方式，表现出一定的民主性。[4] 伊斯兰教也存在一种被称为"shura"的类似议会的形式。[5] 而古代雅典是民主的摇篮，雅典的公民大会是最重要的民主权利机构，每个公民都可以参加讨论。

---

[1] 其地属塞普提曼尼亚地区，为西哥特人所控制，临近图卢兹。

[2] ［法兰克］都尔教会主教格雷戈里：《法兰克人史》，［英］O. M. 道尔顿英译，寿纪瑜、戚国淦译，商务印书馆2012年版，第422—433页。

[3] T. Jacobsen, "Primitive Democracy in Ancient Mesopotamia", *Journal of Near Eastern Studies*, Vol. 2, No. 3, 1943, pp. 159 – 172.

[4] E. W. Robinson, *The First Democracies：Early Popular Government Outside Athens*, Stuttgart：Franz Steiner Verlag, 1997, p. 63.

[5] Taqiuddin an-Nabhani, *The System of Islam*, London：Al-Khilafa Publications, 2002, p. 61.

第一章 历史传统与文化环境

然而，雅典的民主不是代表制，而是直接民主制，公民大会不同于议会制。但是，它已经在形式上直接体现了"涉及众人之事应由众人决断"的代议原则，这就是古代雅典能被称为"民主摇篮"的原因。除此之外，罗马共和国也有类似的会议，选举地方法官、厘定新法、执行死刑、宣战与和平、建立或解散联盟都须在会议上通过。罗马元老院控制着财政、行政和外交。可见，在中古时期以前，就已经出现了"公共权力的使用应以社会共同体的同意为基础"的意识以及相应形式的讨论机构，这就为中古时期代议思想的萌芽奠定了文化传统的基础，代议制度则从这些讨论机构中继承了协商民主的议事习惯。

中古早期，贤人会议一直是盎格鲁－撒克逊时期英格兰的一个重要政治机构。这个机构被认为是古代日耳曼民众大会发展的结果，是贵族政治在新的历史条件下的一种延续。受历史条件所限，七国时期英格兰的大部分事宜都混沌不定，国家的各方权力界限不明。贤人会议的确切性质始终是模糊的。[①] 但笔者仍可以从一些日耳曼法典中对它的各种活动窥探一二，诸如会议的召集人、会议成员以及会议决定等。

有关贤人会议的第一个文字记录出现在公元600年肯特国王颁布的法典中，但更多证据表明，在此之前贤人会议就已存在。它是由统治阶级组成的一个集会，主要职能是为国王出谋献策。成员由英格兰最重要的贵族组成，包括神职人员和世俗贵族。[②] 一般由国王主持整个会议。关于会议的职能，由于贤人会议出席的成员不定，讨论的议题也较为广泛，查德威克认为没有必要详细探究贤人会议拥有的权力的性质，因为在这个问题上任何明确

---

① Thomas Hodgkin, *The History of England from the Earliest Times to the Norman Conquest*, New York: Mcmaster Press, 1906, p. 59.
② H. M. Chadwick, *Studies on Anglo-Saxon Institutions*, Cambridge: Cambridge University Press, 1905, p. 35.

的结论都不符合事实。[①] 更重要的是，这个时期还未出现任何确定的制度来规范会议的权限、会议程序、召开时间、与会人员以及会议地点等。例如，931年的贤人会议由两名大主教、两名威尔士亲王、17名主教、15名郡长、5名修道院院长和59名贵族组成；1005年的贤人会议则由王后、7名王子、14名主教、16名修道院院长、3名郡长和44名贵族组成。[②]

贤人会议的议题丰富，范围不限，包括立法、税收、新王继任、事务纠纷、向大土地所有者摊派兵役、监督国王和教会的铸币权等。许多王位继承人是在贤人会议上被正式宣布为国王的。至少在11世纪之前，王室继承通常遵循"长子继承制"。按照这种制度，国家的最高统治者由已故的国王确定，国王或者是贤人会议对于新王资格的影响极大，贵族意愿退居次位。但是，从形式上，王位的继承还需要得到"贤人"的认可才能获得合法性。从现实利益出发，为保证王位继承的合法性，国王势必不能随意剥夺这些贵族的世袭财产或轻易做出任何侵犯贵族利益的决定。所以，贤人会议在某种程度上对国王的权力有一定约束，对国王与贵族之间的权力关系有一定制衡作用。只是这种约束和平衡的作用，亦如前文中对贤人会议性质的评价，笼统且不精确。

又如，贤人会议对国王的财产和产业等还有监管作用。起先，与其他土地所有者一样，国王的收入来源主要是国王私人土地上的收益。凡是土地所有者，无论是国王还是国民，都有权按照自己的意愿管理私人产业。但是，随着时间的推移，通过没收土地所有者的产业，国王财产得到极大扩充。其实，在这个过程中，国王不仅不是最大的赢家，还为此招致各方势力的攻击，使

---

① H. M. Chadwick, *Studies on Anglo-Saxon Institutions*, Cambridge: Cambridge University Press, 1905, pp. 363-364.
② F. W. Maitland, *The Constitutional History of England*, Cambridge: Cambridge University Press, 1909, p. 82.

第一章 历史传统与文化环境

得王权备受打击，有时甚至需要通过贿赂有权有势又难以抗衡的大土地所有者以求自保，这很容易让王室产业缩水。而贤人会议的意义就在于，如果会议不批准，国王不得随意向他人馈赠土地等财产。如果国王的产业有所损坏，贤人会议有义务修复它，有义务对国王的损失进行赔偿。正是基于这一点，贤人会议的成员常常对国王的馈赠有所把控，使得贤人会议对国王的财产有了监管的作用。[①] 另外，郡法庭无法裁决的特别是涉及政府官员的案件会交由贤人会议审判。从这个意义上看，贤人会议在某种程度上又是国王主持的最高法庭。

贤人会议的议事习惯承自日耳曼习惯法。就本质而言，习惯法源于人们共同接受的观念，这对贤人会议的议事风格和习惯产生了十分重要的影响。会议中，难免有国王的意见与大多数人意见相左的时候，在这种情况下国王个人无法代表全体出席者的权威，会议的决定必须获得全体出席者的同意。

总体来说，贤人会议在许多方面与后来的代议制度是不同的，表现在二者不同的权力范围以及一些主要的限制条件上。例如贤人会议尚不存在固定的议事程序、召开时间或会议地点。成员或许可以设法阻止独裁统治并进行某些干预，但是从根本上，贤人会议的召开只是对国王召集的一种回应。更确切地说，只有当国王召集时，贤人才会被召集起来，会议才会召开，而未经国王的同意，他们的集会就会被认为是叛国。[②] 因此，贤人会议更多是为中古时期代议思想的萌芽提供了思想素材。贤人会议是日耳曼贵族议事会更加进步的一种形式，由于保留了古代民主的遗风，也就保留了习惯法中共同同意的原则，有宪政之雏形的风

[①] M. R. Godden, "Aelfric and Anglo-Saxon Kingship", *The English Historical Review*, Vol. 102, No. 405, 1987, pp. 911-915.

[②] Felix Liebermann, *The National Assembly in the Anglo-Saxon Period*, New York: Book on Demand Ltd., 1961, p. 81.

范。随着诺曼人1066年入侵，贤人会议的传统淡出了历史舞台，取而代之的是封建法庭。

第三节　封建法庭

诺曼征服后，封建法庭成为处理英格兰王国政务的主要议事形式。它与贤人会议类似却又不尽相同，有两种主要形式：第一种封建法庭主要由总佃户①即直接从国王处得到土地的封臣，以及拥有国王领地的神职人员组成，在特殊场合举行会议并由国王召集；第二种是巡回法庭，主要由国王的重要官员或某些特定的贵族组成。②巡回法庭成员在国王的旅行中会跟随国王，会议可以随时召开。

5世纪中叶日耳曼氏族入侵至1066年诺曼征服，是英国封建经济以及封建制度形成和发展的重要时期。封建主通过剥削农民获得剩余价值是封建经济的本质，而前提必须是保证土地所有权掌握在封建主自己手中。在英国封土制的条件下，维护和调适封授双方权利与义务的媒介是封建法以及封建法庭，这是维持封土制正常运行的重要步骤，也是封建制度形成和建立的重要环节。村、百户区和郡是英国重要的三级地方组织，其中，村不单独设立法庭，百户区法庭每四周开庭一次，郡法庭一年开庭两次，庭审的重要依据是日耳曼人的习惯法。这种法律起初并没有诉诸文字，只是靠人们口口相传留存下来。习惯法并不体现某个人的意志，而是人们的共同同意赋予它法律的权威。所以，封建法庭审判方式的本质是得到所有出席者的同意。尽管主持法庭的是百户长和郡长，他

---

①　沈汉、刘新成：《英国议会政治史》，南京大学出版社1991年版，第4—5页。
②　George Burton Adams, "The Descendants of the Curia Regis", *The American Historical Review*, Vol. 13, No. 1, 1907, pp. 11–15.

第一章 历史传统与文化环境

们都是由国王任命的具有裁决权力的法官,但是也无法跨越集体裁决的步骤。随着土地私有制的发展,从每个自由人有权参会变成只有土地所有者(封建主)参会逐渐形式趋势。① 同样,每年仅开庭两次的郡法庭,以 12 名封建贵族组成的法律委员会为核心机构,但是最终判决的结果必须赢得所有出席者的同意才有效。②

如上文所述,封建经济的本质是土地所有者通过剥削没有土地的农民或拥有少量土地的租地农民从而获取剩余价值,这就要求封建主对直接生产者实行有效统治。这种有效统治需要系统的官僚体系以及一定规模的常备军,但是中世纪时期,英国的生产力水平还支撑不起如此庞大的财力和物力支出,所以并不现实,只能另谋出路。这就是封君封臣制产生的意义,相对于上述的官僚体系和常备军,这是一种更低成本的统治方式,它是在封土制基础上建立起来的权利与义务的关系。这种权利与义务的关系是双向的,例如封臣应当为封君服兵役、纳贡并出席封君的法庭;封君应当维护封臣在其封土上所获得的经济收益以及政治管辖权等。③ 关于二者的权利与义务的关系,学界已有许多详细论述,在此不再赘述。

为了维护这种类似于契约关系的封君封臣制度,从盎格鲁-撒克逊时期,习惯法就是重要的行为规范。直到 1066 年诺曼征服后,这一传统仍在延续。习惯法意味着对法律案件或政治事务的裁决必须遵守共同同意的原则。威廉一世(1066—1087 年在位)曾邀请每个郡派 12 名代表,到宫内一起商讨并确认继承旧的习惯法。④ 亨利

---

① F. W. Maitland, *The Constitutional History of England*, Cambridge: Cambridge University Press, 1909, p. 50.
② W. S. Holdsworth, *A History of English Law*, 14 Vols, Vol. 1, London: Methuen and Co. Ltd., 1922, p. 21.
③ 马克垚:《西欧封建经济形态研究》,人民出版社 1985 年版,第 104—106 页。
④ W. Stubbs, *The Constitutional History of England*, Oxford: Clarendon Press, 1926 - 1929, pp. 43 - 45.

一世在需要变更法律时，一定会同封臣协商并获得共同同意。实行普通法后，虽然国王享有颁布法律的权力，但是不能无视封臣的同意，需要遵守共同同意的原则。例如约翰王在颁布法律时，总是要宣称已和封臣协商并得到了同意。[1]

封建主在其封土上拥有政治权力，包括在自己的领地内召开封君法庭的特权，这是由国王授予的。当然也有封君篡夺附近百户区法庭的情况。国王作为最高一级封君，有权力主持封君法庭。但是由于国王对全国的土地拥有所有权，国王封臣比普通封君多，不可能各级封君都能获得出席的资格，例如骑士尽管直接受封于国王，但是因为封地过小，往往没有资格参加国王的封君法庭。[2]久而久之，出席法庭的人就仅限于大贵族，贵族会议便起源于此。因为国王封土众多，分封条件比较复杂，涉及封土的纠纷案件繁多，国王每年到处巡游不可能随时随地召开贵族会议，就在大贵族中挑选出一些代表组成常务法庭，这些代表时时陪伴在国王身边，随时可召开贵族会议，为国王提供法律咨询，这促成了御前会议的形成。相较之下，贵族会议作为国王封君法庭，参会成员包括所有大贵族；而御前会议必须是收到国王召集命令的大贵族才有列席资格，他们往往法律专业素养较高，这样御前会议的法律权威性也就比贵族会议高很多。

贵族会议和御前会议级别较高，当时的公法和私法尚未有清晰的界限，所以这两种会议还具有双重作用：第一重是解决大贵族之间关于封地的纠纷，第二重是负责修改和颁布新的习惯法、任免官员等。这是一般的封君法庭没有的职能。英国作为中世纪西欧王权较为集中的国家，势必会压制地方法庭的司法审判权，

---

[1] G. O. Sayles, *The King's Parliament of England*, London: W. W. Norton and Co., 1975, p. 23.
[2] 沈汉、刘新成：《英国议会政治史》，南京大学出版社1991年版，第5—6页。

这就使得御前会议成为全国最高法庭，凡是地方上不能或无权裁决的案件，都会上诉御前会议寻求解决，从而使御前会议逐渐有了质的变化。当遇到极为复杂的案件或涉及大贵族纠纷的案件，为了寻求更高的权威性，御前会议需要扩充大贵族召集的范围，征询更多人的建议，召集的范围包括一些专业法官，这就是御前扩大会议。

总而言之，代议思想的核心精神与封建法庭背后的议事原则一脉相承，即"集体裁决"的原则。封君法庭是保证习惯法有效实施的重要机构。封臣对封君的义务中，包括封臣作为法庭成员出席封君法庭，参与审判，以保证在"集体裁决"的原则下，获得一定数量的法庭成员的共同同意。塞尔斯在《英国国王的议会》一书中，甚至得出了早期议会就是全国最高法庭的论断。[①]尽管这种论断有失偏颇，但是可见封建法庭对于议会起源的影响之深远。因此，这些"涉及众人之事应由众人决断"的共同协商、"公共权力的使用应以社会共同体的同意为原则"[②]的共同同意以及各等级团体委派代表的方式，都是代议思想的重要内涵之一。

---

① G. O. Sayles, *The King's Parliament of England*, London: W. W. Norton and Co., 1975, pp. 164 – 165.
② 顾銮斋：《西方传统文化中的"同意"因子》，《文史哲》2011年第2期。

第二章　思想的萌生

中古时期英国的发展必然受到了同期欧洲大陆的思想理论影响。诺曼征服之前,在西罗马帝国分崩离析后建立起的一系列日耳曼王国里,虽然英国与欧洲大陆国家同样受到日耳曼习俗与文化的影响,但是,相较于欧洲大陆,原始的日耳曼风俗在英国确实保存了更多的实力并得到了相对纯粹的发展,盎格鲁－撒克逊人是受罗马帝国制度影响较小的一部分人。因此,诺曼征服进一步加深了英国与欧洲大陆国家之间文明的碰撞与交流,这些在高卢、罗马城市中心发展出来的诺曼人为盎格鲁－撒克逊人带来了新的思想元素。

中古英国居于欧洲一隅的小岛之上,而它为整个西方乃至世界留下的却是独特而丰富的政治文化遗产,与它偏安一隅的"地理状况"极不相称。这份遗产中,既有制度性的,如议会制度;又有思想和理论性的,如"王在法下"、无代表不纳税等。这些重要的政治观念在中古欧洲众多思想家的理论探讨之中都有所反映,而不仅限于英国。

在这方面,法兰西和意大利的法学家和教会学者走在其他诸王国之前,英国的思想家如索尔兹伯里的约翰、奥卡姆的威廉等人则深受其影响。他们之间跨越时间和空间的理论交流、观念碰撞，与中古晚期英国特殊的政治权力结构和社会条件发生了联系，最终促使这一隅之地诞生了早期的代议制度。本章探讨的重点内容正是这些代议思想本身以及它们之间的交流与碰撞。

第一节 自然权利

自然权利是政治权力的基础，财产权、政治自由权、选举权都由自然权利产生。作为一项重要的政治理念，代议思想亦起源于自然权利。根据蒂尔尼的观点，自然权利首次见于12世纪初期教会法学家的作品中，尤其是格拉提安的《教令集》。[①] 书中不仅收录了近3800条从古代迄至1139年拉特兰宗教会议所制定的教规，还涉及教会律法的各种文本。通过经院哲学的分析方法，这本《教令集》首次将这些教会法从汇编的层次上升到编撰的高度，可谓后世教会法编撰的奠基之石。它并不是将教会纪律和法规进行简单汇总，而是针对不同文本中存在的矛盾和冲突，结合各自的历史背景，尽可能探求文本的真实含义，对教会法规起到协调的作用。在分析这些律法文本的过程中，中世纪自然权利的模糊概念逐渐被勾勒出来，开始受到更多教会学者的关注和讨论。

自然权利理论中多次提到"dominium"（权力）和"ius"（权利），二者的内涵对于自然权利的概念尤为重要。纳塔利斯（Natalis）和马西利乌斯在这方面都做了思考和研究。[②] 作为一名多明我会成员、教皇的支持者以及忠实的托马斯主义者，纳塔利斯在为教皇权发声的同时，极大地发展和突破了托马斯主义。托马斯·阿奎那提出："自然法是神的荣光在我们身上留下的痕迹。

[①] Brian Tierney, *The Idea of Natural Rights: Studies on Natural Rights, Natural Law and Church Law*, 1150 – 1625, Atlanta: Scholars Press for Emory University, 1997, pp. 78 – 79.

[②] Brian Tierney, *The Idea of Natural Rights: Studies on Natural Rights, Natural Law and Church Law*, 1150 – 1625, Atlanta: Scholars Press for Emory University, 1997, pp. 106 – 107.

所以，自然法不外乎是永恒法与理性动物的关系。"① 但是，这还未触及自然权利观念。纳塔利斯实现了一个重要的突破，认为，"dominium"着重于强调权力本身，而"ius"指的是合法的权利。甚至奥卡姆也必须承认，"ius 是合法权利"的思想主张来自他的对手——纳塔利斯。

至 14 世纪，"ius"具有主客观两个层面的含义，这是被教会法学家公认的。但这两层含义的具体内涵，教会法学家却莫衷一是，有的甚至故意不加解释，从而造成对这一概念的认识不明。马西利乌斯在这方面做出了一定的贡献，推动了自然权利理论的发展。

首先，与纳塔利斯一样，马西利乌斯也对"dominium"和"ius"进行了区分。他认为，"dominium"是一项所有权，包含于"ius"中，所有权是指人对于某物要求的合法权利，因此，"dominium"是"ius"中的一个组成部分。蒂尔尼指出，从奥古斯丁开始，私人财产权和强制性政府的概念就已经存在，并且都来自原罪。在中世纪的研究中，所有权（dominion/dominium）常作为一个说明财产权的例子，可见财产权总是与所有权（dominion/dominium）息息相关，中世纪的学者通常将所有权包含于自然权利之中。除此之外，在他们看来，"dominion/dominium"一词还可以包含司法权和所有权两部分：一个是支配，一个是拥有。这两种权利都来自公民共同体，自然法或人法。②

其次，关于"ius"主客观含义的明确区分，马西利乌斯认为，从客观含义上来说，"ius"等同于法律，神法或者人法；从主观含义上说，"ius"是指与其客观含义相一致的人的自愿的行

---

① ［意］托马斯·阿奎那：《阿奎那政治著作选》，马清槐译，商务印书馆 1963 年版，第 54—55 页。
② Brian Tierney, *The Idea of Natural Rights: Studies on Natural Rights, Natural Law and Church Law*, 1150–1625, Atlanta: Scholars Press for Emory University, 1997, p. 171.

第二章 思想的萌生

为、权力或习惯,侧重于主观行为和主体权利,即自然权利。

英国代议思想家奥卡姆(Ockham)受意大利教会法学家对"dominus"和"ius"概念的辨析影响,形成了自己的主体权利观念。奥卡姆在与约翰二十二世的激烈论辩中坚持认为,教会对于财产只有自然权利而非实在权利(下文"财产自由"中有详细论述)。其自然权利观念也根植于此。

除此之外,格拉提安的《教令集》对奥卡姆的影响也很大,为其自然权利观念的形成奠定了基础。奥卡姆将财产权分为自然权利和法律意义上的所有权,即《教令集》中的自然权利(ius poli)和实在权利(ius fori)。[1] 他认为,财产所有权是基于法律或人法建立起来的,是可以被剥夺的;但是财产使用权基于自然权利,具有普遍性,源于自然,是不能被剥夺的。因此,极度贫困的人可以使用他人的物品保障自己的生存权,教会也可以接受并使用信徒的捐赠,但是并不享有这些捐赠的所有权。

具体而言,奥卡姆在《关于皇帝和教皇权力的对话》(以下简称《对话》)一书中详尽阐述了自然权利理论。在《对话》这本书中,奥卡姆主要探讨了三个有关自然法与自然权利的问题:第一,司法权的来源问题;第二,财产所有权问题,即论述自然权利和实在权利;第三,人民是否有权利任命统治者的问题,即政府是如何组成的。[2]

关于这三个问题的关系,蒂尔尼认为,第一个问题为第二和第三个问题之和。对此,拉加德(Georges de Lagarde)[3] 认为,

---

[1] Brian Tierney, *The Idea of Natural Rights: Studies on Natural Rights, Natural Law and Church Law*, 1150–1625, Atlanta: Scholars Press for Emory University, 1997, pp. 127–128.

[2] Brian Tierney, *The Idea of Natural Rights: Studies on Natural Rights, Natural Law and Church Law*, 1150–1625, Atlanta: Scholars Press for Emory University, 1997, p. 170.

[3] Georges de Lagarde, "Individualisme et corporatisme au moyen age", in *L'organisation corporative du moyen age a la fin de l'Ancien Regime*, Louvain: Louvain University Press, 1937, pp. 3–59.

奥卡姆将前期关于财产所有权的理论套用在他后期有关政府组成问题的主张之中，或有这种可能性。蒂尔尼认为拉加德的观点虽然不无道理，但是过于简单化地将第二和第三问题联系在一起。他认为，奥卡姆在分析这两者时，过程和结论都不同。奥卡姆在前期作品中主要论述法兰西斯修会提出的"使徒贫困论"的主张；在后期，他以更加宽阔的视角，着重阐述有关教会学和政治学理论的观点，包括自然权利理论，与许多在中世纪具有宪政萌芽的思想家的主张一脉相承。他最为激进的论述莫过于提出了"教皇异端"的问题，即教皇若为异端该如何判决和处罚。同时，他还十分关注精神权力和世俗权力二者之间的平衡关系问题。但是，蒂尔尼也提出，奥卡姆的理论在13世纪已不能算新奇或具有革命性，因为早在奥卡姆之前，西奥（Huguccio de Pise）已经就"教皇异端/教皇罪犯"这一复杂问题展开过论述，他提出的"国王—教皇"二元政治体制的构想也与奥卡姆的观点类似。在西奥之后，巴黎的约翰（John of Paris）在其作品中也讨论过类似的问题。因此，奥卡姆的神学观、政治理论包括代议思想，绝非他个人的创造，而是在跨时空的理论对话中建立起来的。

关于政府组织形式，奥卡姆探讨的重点在于人民是否有选择统治者的权利。奥卡姆主张，国王的权力或国家权力并不是直接来自于教皇，而是通过人民间接地从上帝那里获取，人民转让给国王的权力则直接来自神的授予。[1] 这个解释不但回答了国王（或政府）的权力来源问题，同样也限制了教皇的权力，符合"政治权力来源于公民共同体"的代议民主思想的基本内容。[2] 另

---

[1] J. Kilcullen, "Natural Law and Will in Ockham", *History of Philosophy Yearbook* 1, 1993, pp. 1–25.

[2] 丛日云、郑红：《论代议制民主思想的起源》，《世界历史》2005年第2期。

外，对于统治权的限制问题，奥卡姆认为"限制"的对象包含国王和教皇，即二元政治体制的相互制衡。① 在中世纪的背景下，奥卡姆在国家权力的来源问题上，向世人提出了极富逻辑性的解释：为了人类共同福祉，人民要用"理性"来领悟神的旨意，而"理性"源于人类的自然权利。

值得注意的是，奥卡姆在《对话》中，以一种迂回的方式谈到了自然法和自然权利，其根本目的是证明国王有权任命教皇。② 之所以称为"迂回"，是因为在《专制权简论》中，奥卡姆主张人民一定会在必要时行使选择权，因为这属于自然权利的一部分。这项选择权在《对话》中并没有明确提出，仅仅提到人们有能力捍卫自己的权利，却没有明确说是哪一种权利。因此，结合这两本书，不难看出奥卡姆想表达这样一个观点：国王作为人民中最重要的成员，自然法和自然权利赋予了他选择权，同时也赋予了他捍卫这项选择权的能力，因此他在必要时有权选择（即任命）教皇。

与奥卡姆同时期，根特的亨利（Henry of Ghent）在自然权利理论方面也颇有建树。亨利是巴黎大学最著名的学者之一，他被后世认为是一个折衷学派的哲学思想家，以及奥古斯丁修会会士或新柏拉图派哲学家。同时，亨利也是一位杰出的巴黎世俗阶级的拥护者，为法国大主教辩护，使其免受方济各会、多明我会以及同时代教皇的侵害。在这方面，亨利还是神学高卢主义（Gallicanism）即限制教皇权力主义的创始人之一。③

---

① A. S. McGrade, "Ockham and the Birth of Individual Rights", in B. Tierney and P. Lineham, eds., *Authority and Power. Studies on Medieval Law and Government Presented to Walter Ullmann*, Cambridge: Cambridge University Press, 1980, pp. 149 – 165.

② J. Kilcullen, *A Short Discourse on Tyrannical Government*, Cambridge: Cambridge University Press, 1992, pp. 85 – 86.

③ Brian Tierney, *The Idea of Natural Rights: Studies on Natural Rights*, *Natural Law and Church Law*, 1150 – 1625, Atlanta: Scholars Press for Emory University, 1997, p. 83.

关于自然权利，亨利强调个人独立主权的范围问题。从现代的学术观点来看，这种个人的独立自主权是人权的重要组成部分，一个人的生命权甚至包含了个人选择自杀的权利。这种观念在中世纪便孕生于包括亨利在内的一些思想家的理论探讨之中。

首先，亨利引用格拉提安《教令集》中四个法律的概念来论述人所拥有的自主权利。蒂尔尼将它们翻译成了英文，即自然平等权（fas）、合法性（licitum）、平等要求权（ius）和获得生存必需品的权利（necessitas）。这四个概念是层层包含的关系，前一个比后一个的范围更广。对于最后一个概念，亨利解释道："当一个人在饱受饥饿时偷取食物，获得生存必需品的权利会赦免偷窃这一不正当行为。"[1] 若按亨利的"罪犯困境论"去理解，法官固然有逮捕、拘禁以及处死罪犯的权力，但是罪犯在不伤害他人的情况下也有保存生命的权利。这不仅是因为自然法规定人人生而平等，即拥有自然平等权，也是由于自然法赋予人们生存的合法性，并且人人都有要求生存的平等权利，获得生存必需品恰恰就是印证和实践了这项权利。

其次，关于生命权，亨利提出了以下几个相关问题：人们是否拥有不可被剥夺的生命权，或者说，人们是否在任何情况下都不能放弃自我保存生命的权利？更具体地说，一个罪犯被公正地判处死刑，如果有逃脱的机会，他是否同样拥有这项保存生命的权利？如果人人都拥有平等的生命权，罪犯是否有义务接受公正的死刑判决？[2] 这些问题是引玉之砖。他认为，人们有保存自己生命的权利，生命权作为自然权利不可被剥夺，并且权利与义务相辅相成，即人们既有保存个人生命的权利，同时也有保护个人

---

[1] Brian Tierney, *The Idea of Natural Rights: Studies on Natural Rights, Natural Law and Church Law*, 1150–1625, Atlanta: Scholars Press for Emory University, 1997, p. 84.

[2] Brian Tierney, *The Idea of Natural Rights: Studies on Natural Rights, Natural Law and Church Law*, 1150–1625, Atlanta: Scholars Press for Emory University, 1997, p. 81.

生命的义务。在极端情况下，死刑犯有逃脱处罚的权利，因为身体作为"个人财产"，罪犯同样拥有处置个人财产的权利，否则就相当于自杀，有悖于上帝赋予人类的自然权利。纵使罪犯逃避刑罚是不正义的，但是，如果一个死刑犯放弃了逃脱的机会，也就等于没有履行保存个人生命的义务。由此，引出了中古思想界著名的"罪犯困境论"。可见，根特的亨利假设了一种极端的情况，来阐述人们维护平等生命权的必要性。罪犯尚且如此，何况民众？

直至 17 世纪，根特的亨利所提出的疑问仍然在被讨论。洛克明确指出，人自身就是一项"个人财产"，里面包含了生命、自由以及金钱等财物。除此之外，自然权利中还包含人们获得维持生命的生活必需品的权利。[①] 同时，霍布斯和普芬道夫也得出了类似的结论，他们认为，如果一个饥肠辘辘的人抢劫或偷窃了一些食物，基于人们有获得生活必需品的权利，这个人是可以得到宽恕的。因为，没有任何人或者任何法律可以剥夺人们自我保存以及自我保护的权利。[②] 这些近现代的思想主张与根特的亨利的权利思想基本一致，可见近现代人权思想受中世纪教会学者的自然权利观念的影响之深。

第二节　财产自由权

财产自由权是政治权力的前提，它决定政治生活中的话语权。在代议思想萌生的中世纪，谁掌握更多的财富，谁就更有资格代表人民的意志。中古西欧教权和王权之争的实质问题是财产

[①] Laslett, ed., John Locke. *Two Treatises of Government*, Cambridge: Cambridge University Press, 1967, p. 305.

[②] Laslett, ed., John Locke. *Two Treatises of Government*, Cambridge: Cambridge University Press, 1967, p. 341.

的归属和合法性。在当时,财产主要分为个人财产和教会财产,亦即"双手所创造的劳动所得"究竟是归个人还是归教会的问题,这成为引发双方矛盾的根本问题。

17世纪之前,有关财产自由权的认识尚显模糊,罕见直接的思想阐释。因此,奥卡姆与托马斯·阿奎那等思想家带有神学意味的阐发显得难能可贵。

在此之前,为了能够更加确切地体会到财产自由权的重要性,笔者还须将国王的真实财力弄清楚,以研究国王在各方势力中的影响力,以及与他们角逐的底气。这也是奥卡姆等思想家的财产自由权观念产生的历史背景。

盎格鲁-撒克逊时期,王国之间的相互征战,以及外来者维京人的侵略,使得英格兰各王国都面临较大的经费开支。约瑟夫·熊彼得在其论文《税收国家的危机》中提出,政治上的限制对直接税和间接税的出现造成了一定影响,从而为统治者提供了超出领土资源的收入,即税收,欧洲税收国家就是在政治危机和军事革命的双重背景下产生的。① 这个观点也得到一些政治经济学家的认可,如布莱迪克、邦尼和奥姆罗德。② 但是,在诺曼征服之前,以西撒克逊王国为例,作为七国时代的最终胜利者,阿尔弗雷德国王(King Alfred,871—899年在位)是通过"王权"(lordship)而不是"国家"(state)的概念来获取战争资源的。③

---

① J. Schumpeter, "The crisis of the tax state", in A. T. Peacock, R. Turkey, W. F. Stolper, and E. Henderson, eds., *International economic papers*, Vol. 4, 1954, pp. 5 – 38.

② M. J. Braddick, *State formation in early modern England, c.1550 – 1700*, Cambridge: Cambridge University Press, 2000; R. Bonney and W. M. Ormrod, "Introduction: crises, revolutions and self-sustained growth: towards a conceptual model of change in fiscal history", in W. M. Ormrod, M. Bonney, and R. Bonney, eds., *Crises, Revolutions and Self-Sustained Growth: Essays in European Fiscal History, 1130 – 1830*, Stamford: Paul Watkins Publishing, 1999, pp. 1 – 21.

③ R. Lavelle, *Alfred's Wars: Sources and Interpretations of Anglo-Saxon Warfare in the Viking Age*, Woodbridge: Boydell Press, 2010, p. 63.

第二章 思想的萌生

然而，把对阿尔弗雷德的讨论限制在 9 世纪的西撒克逊王国是片面的，从阿尔弗雷德即位到公元 973 年埃德加国王（King Edgar）货币改革，对这部分内容的探究视野可以扩大到整个西撒克逊和英格兰。① 阿尔弗雷德的遗嘱起草于 872—888 年，其中包括埃塞尔雷德二世（Aethelred Ⅱ，978—1016 年在位）（Aethelred Ⅱ，978 – 1013 年及 1014 – 1016 年在位）统治时期属于国王的部分财产。② 这表明阿尔弗雷德的遗嘱处理的是过去或当时被视为皇家土地的财产，他在汉普郡、萨默塞特郡和威尔特郡的大部分遗产（多位于西撒克逊的中心地带），连同他在肯特郡的私人领地，都被遗赠给了他的长子——后来的英格兰国王长者爱德华（899—924 年在位）。相比之下，阿尔弗雷德将威塞克斯中心地区外的大部分财产分给了他的小儿子、侄子和母亲的亲属。③ 在这一时期，因为王室的税收方式还没有将食物租金转化为现金支付，所以地方官员和骑士等王室官员在特定时期为国家筹集的财政实际就是食物，最显著的是在冬季，一些偏僻小镇的村民也被列入税收范围，以维持王室较为庞大的开销。④ 同时，建立一个成熟的食品税收系统还与皇家旅行路线有关。10 世纪早期，皇家旅行主要集中在英格兰南部和中部。⑤ 可见，阿尔弗雷德在遗赠土地时，更多考虑的是所立遗嘱能够确保他的长子得到最适合满足王室统治需要的遗产，从而在他死后能够稳坐江山并顺利地

---

① D. N. Dumville, *Wessex and England from Alfred to Edgar: six essays on political, cultural and ecclesiastical revival*, Woodbridge: Boydell Press, 1992, p. 35.

② S. Keynes and M. Lapidge, eds., *Alfred the Great: Asser's Life of King Alfred and other contemporary sources*, London: Penguin Classics, 1983, p. 174.

③ S. Keynes and M. Lapidge, eds., *Alfred the Great: Asser's Life of King Alfred and other contemporary sources*, London: Penguin Classics, 1983, pp. 175 – 177.

④ P. A. Stafford, "The 'farm of one night' and the organization of King Edward's estates in Domesday", *Economic History Review*, Vol. 33, No. 4, 1980, pp. 281 – 282.

⑤ P. Sawyer, "The royal tun in pre-conquest England", in P. Wormald, D. Bullough and R. Collins, eds., *Ideal and reality in Frankish and Anglo-Saxon society: studies presented to J. M. Wallace-Hadrill*, Oxford: Blackwell, 1983, pp. 273 – 299.

传承下去。① 这种做法在 10 世纪早期阿尔弗雷德的一位继任者的遗赠中也可以看到，表明对主权国家职能的传统态度在当时是统治阶级的主流思想。②

还有一种探究阿尔弗雷德财富的方式，是考察他的现金遗产和一些有价值的祖传遗物的去向，价值在 2000 英镑左右。③ 这些财产被分配给了阿尔弗雷德的亲属、随从以及一些贫困的人。2000 镑的分配具体如下：1000 镑作为遗产分给他的两个儿子，800 镑留给女眷还有家臣，还有 200 镑被分给神职人员和一些贫穷的人。阿尔弗雷德给这类人的遗产，明显降低了土地财产的比重甚至基本不涉及土地财产。他将自己动产的十分之一遗赠给穷人和有需要的人，显示了阿尔弗雷德作为一名基督教徒的虔诚，希望能通过一己之力传播福音，但讽刺的是，他不确定自己是否有能力支付这笔钱："我不知道我是否有那么多钱；或者说我也不知道是否还有更多，尽管我猜想有。"④ 但是，这种有关货币缺失的言论是否属实有待商榷。尽管如此，这一现象表明，从个人角度来说，当时国王对他所拥有的钱财数额并没有清楚的概念；从国家角度来说，当时国家缺乏一个有效的财政机制。

从 9 世纪开始，维京人就不断入侵英格兰。为了应对侵略者的威胁，阿尔弗雷德国王利用国王权力统筹资源，措施是增加人民的劳动服务和公共义务。在世俗生活中，给予"保护全体人

---

① R. Abels, *Alfred the Great: war, kingship and culture in Anglo-Saxon England*, London: Longman, 1998, p. 86.
② S. Keynes and M. Lapidge, eds., *Alfred the Great: Asser's Life of King Alfred and other Contemporary Sources*, London: Penguin Classics, 1983, pp. 59–60.
③ S. Keynes and M. Lapidge, eds., *Alfred the Great: Asser's Life of King Alfred and other Contemporary Sources*, London: Penguin Classics, 1983, p. 324.
④ S. Keynes and M. Lapidge, eds., *Alfred the Great: Asser's Life of King Alfred and other Contemporary Sources*, London: Penguin Classics, 1983, p. 177.

民"的领主和农民优惠条件，鼓励他们坚持要塞驻防的艰苦生活；在精神生活中，要求教会也需要承担起城市防御的责任。①在阿尔弗雷德国王的统治下，主权国家繁荣昌盛，除了他个人的功劳，还因为之前的七国分裂影响了政治格局，限制了一些国家管理机制的创新。刚刚统一了其他国家的西撒克逊王国恰恰克服了这一点。②在发展主权国家的过程中，阿尔弗雷德国王和他的10世纪早期的继任者另一个更意味深长的策略，是国王与教会交换财产。③例如，延迟归还教会财产和与教会交换对国王有利的财产，最终导致教会大量的土地分配给了王室成员及其追随者。这在当时自然有助于击败维京人，但也造成了诺曼征服后早期英国教会的一些经济隐患和社会问题。

阿尔弗雷德去世后大约50年，国王埃德雷德（King Eadred，945—955年在位）原本想把价值1400英镑的钱和财宝遗赠给他的亲属、高级教士、郡长和家仆，遗嘱大约起草于951—955年。这份遗嘱实际上就是国王馈赠给王室贵族的礼物。但是，礼物与英国人民的饥荒问题和维京人入侵的险境相比，就显得不那么重要了。因此，国王承诺将原本用来作为遗产的这部分钱转为用来将英国人民从这两个灾难中解救出来。这份财政拨款被存放在修道院的金库里，每个郡都有200英镑，另外还为麦西亚人民拨出了400英镑以备所需，总共将近1600英镑。④埃德雷德采用了一种传统的方法来应对饥荒和维京人的威胁，这样以郡为单位的团

---

① N. P. Brooks, "The administrative background to the burghal hidage", in N. P. Brooks, *Communities and warfare*, 700–1400, London: Hambledon & London, 2000, pp. 134–135.

② S. Keynes, "Heptarchy", in M. Lapidge, J. Blair, S. Keynes, and D. Scragg, eds., *The Blackwell encyclopaedia of Anglo-Saxon England*, Oxford: Wiley-Blackwell, 2001, p. 233.

③ R. Fleming, "Monastic lands and England's defence in the Viking age", *English Historical Review*, Vol. 100, No. 395, 1985, pp. 247–265.

④ D. Whitelock, ed., *English historical documents*, I: c. 500–1042, London: Routledge, 1979, pp. 555–556.

体就获得了与维京战队进行谈判或必要反抗所需的开销,也许国王的意图就是让拥有财产监护权的主教来引导人民这样做。由此可见,10世纪中期英国国王对于财政的处理方式比阿尔弗雷德时期有了更多的经验,国王已经开始有意识地考虑,如何能让有限的开支用在促进国家管理及统治效率上。[①] 可以看出,这时已经出现国家财政和国王个人财政的区分,虽然在当时仍然没有明确的迹象可以表明税收基础结构发生了实质性变化,或者说王室对于使用王室财富的态度发生了转变,但是,国王将原本馈赠给王室贵族的礼物转而分发给各郡的修道院以解决国家实际问题,等同于将部分个人财产支出转化成国家财政支出。此外,为了赎回国王的灵魂,王室还留下了价值250英镑的黄金用以铸造金币(Mancus)。[②] 而后来人们对货币的认识也恰恰正是基于对银便士和金币支付的区别。[③]

阿尔弗雷德国王及其后继者所统治的西撒克逊王国作为一个主权国家吸纳资源,发动战争,在军事扩张时期,其资源主要来源于从邻国收集贡品以及征用修道院的财富。[④] 这种吸纳资源的方式在871—973年盛极一时。直到11世纪初期,英格兰才逐渐开始成为一个真正的税收国家。这其中,政治内战并不是这种财政变化的全部理由。11世纪初期,除了国王埃塞尔雷德二世和他的儿子在1015—1016年发生争执外,贤人会议中的王室成员在政治看法上基本统一。[⑤] 从10世纪80年代起,英格兰就需要调

[①] N. P. Brooks, "The career of St Dunstan", in N. P. Brooks, *Anglo-Saxon myths: state and church*, 400 - 1066, London: Hambledon Continuum, 2000, pp. 155 - 180.

[②] D. Whitelock, ed., *English historical documents*, I: c. 500 - 1042 (2nd edn.), London: Routledge, 1979, p. 155; Mancus 原本是一个重量单位,后来也用来指一种金币。

[③] M. Dolley, *Anglo-Saxon pennies*, London: The Trustees of The British Museum, 1964, p. 24.

[④] J. R. Maddicott, "Trade, industry and the wealth of King Alfred", *Past & Present*, Vol. 135, No. 1, 1989, pp. 3 - 51.

[⑤] R. Lavelle, *Aethelred II: king of the English*, Stroud: The History Press, 2002, pp. 73 - 134.

动王室以及臣民的财富以支付军舰、盔甲、刀剑和其他军事装备的费用，抵御维京海盗对国家的威胁和侵略，并继续为其他独立的战区提供海岸防御。[1] 然而，这些还不能算是军事革命。七国时代及之后的盎格鲁-撒克逊晚期，英格兰财政权力基础不断变化，不可能轻易地与政治或军事革命联系在一起。甚至总体来讲，或许还是经济发展在一定程度上解释了这一财政权力基础的变化。10 世纪之后，英格兰政治上取得统一，农村和城市的定居点数量增长，它们在国家管理形态中的比重也不断增大。政治结构上广泛重组后，随之而来的是地方代表的逐渐兴起。这就使得，原本依靠皇家财产来支撑的国王巡回封建法庭占据财政权力基础的中心，随着财政制度的完善这一基础扩大到农村和城市，巡回法庭在财政收入上的作用和价值也就显得独力难支了。

在了解财产自由权之于中古早期英格兰国王及其政府的重要性之后，再来看一下中古后期代议思想家又是如何看待财产权问题的。

在《九十天著作》中，奥卡姆阐述了他对于财产、权力问题的看法，其根本目的是用神学观点驳斥阿维农教廷神职人员聚敛财物、扩张权力的行为。[2] 谈到财产权，必然涉及人们使用财产时造成的消耗，这就不得不探讨财产的所有权和使用权之间的区别和联系。比如食物，在暂时使用的同时，意味着对它们具有所有权，因为食物这类财产一旦被使用是无法撤销重来的。简单来讲，对于约翰二十二世来说，教会在绝对的贫困下是不可能生存

---

[1] N. P. Brooks, "Arms, status and warfare in late Anglo-Saxon England", in N. P. Brooks, *Communities and warfare*, 700 – 1400, London: Hambledon & London, 2000, pp. 150 – 156.

[2] William of Ockham, Arthur Stephen McGrade and John Kilcullen, eds., *A letter to the Friars Minor and Other Writings*, trans. John Kilcullen, Cambridge: Cambridge University Press, 1995, Introduction, xiv-xix.

的，甚至对于个人来讲也是不现实的。① 但是，按照奥卡姆所主张的"使徒贫困论"来说，并非不可能。

奥卡姆以神学观点否定了神职人员所坚持的财产权。他认为，"财产所有权"意识是在人类堕落之后才逐渐建立起来的。经过神的旨意，人类开始通过立法来保障所有者对其财物的排他性所有。这些所有者仍然可以给予他人使用自己财物的权利，但也可以随时收回这项权利，因为可以使用并不代表这些使用者真正拥有这些财物。人类法所规定的所有权具有排他性，这种排他性也逐渐被人的意识所认同。对此，奥卡姆以《圣经》原典加以具体阐释。他认为，教会的财产所有权问题起源于亚当和夏娃开始偷食伊甸园禁果。上帝给予伊甸园一切，并且根据某种积极的法律，建立了对这些财产排他性的所有权，而亚当和夏娃不应该对这些财产具有法律意义上的所有权。另一方面，奥卡姆认为，亚当和夏娃虽然不具有所有权，但是从自然权利的角度看，他们可以使用伊甸园的这些"财产"。简言之，按照自然权利，亚当和夏娃对伊甸园的财物拥有使用权，而无所有权，因为后者是由人法规定的。由上可见，奥卡姆的思想中孕育了财产自由权观念，这也是法兰西斯会所运行的主旨，即教会捐赠者并没有将他们对所捐财物的所有权转移给教会；相反，他们只是允许修士加以"使用"，这种允许与亚当和夏娃在伊甸园中对财物所享有的自然权利是一样的。②

既然自然权利决定了人们对某些财产的使用权，那么财产的所有权又是由谁决定的？奥卡姆认为，是人法，而非自然权利。推及当时的现实社会，起初人们并没有法律所规定的财产权，上帝只让人们拥有了财产的自然权利，然而随着对世俗财物的所有权

---

① William of Ockham (Stanford Encyclopedia of Philosophy): https://plato.stanford.edu/entries/ockham/#8.
② William of Ockham (Stanford Encyclopedia of Philosophy): https://plato.stanford.edu/entries/ockham/#8.

被人法所接受，人们逐渐对财产有了排他性和所有权。约翰二十二世和奥卡姆似乎都认同财产所有权来自一项积极的法律，而不是来自自然权利。但是约翰认为在伊甸园中人类就具有这种所有权；而奥卡姆认为没有，只有自然权利，因此亚当和夏娃对园中物品的使用是违法的。由此，奥卡姆从神学角度彻底否定了修士在法律意义上的财产所有权，并且大胆地说出教会占有财物实际上是违法的，因为修士只拥有自然权利意义上的财物使用权。[①] 从13、14世纪的社会背景来看，奥卡姆所主张的这种财产自由权已属超前甚至是标新立异。结合其个人经历，他的主张或许引起了一部分人的反感，但后来成为近现代代议要素的重要组成部分。

与奥卡姆相较，托马斯·阿奎那提出了代议色彩更为浓厚的财产权观念：自然权利下，任何人不具备财产私有权；但若秉持"涉及众人之事应由众人决断"的代议原则，则属合法。他认为，根据自然法，任何人将任何财产据为己有都是不合法的，因为依据上帝创世说，上帝创造了一切并给予人类，这是一个将世界平均分与人类共同所有的过程，因此，自然法规定所有财产都应该是共有的。阿奎那作为一个忠于上帝事业的信徒，这一观点与其修士身份十分吻合，但是作为经院哲学家，他又负有将理性与信仰相调和的责任。所以，阿奎那关于财产的论述并不意味着他主张所有财产都归教会共有，反对财产私有权。相反，阿奎那解释说，尽管自然法规定世界本应由人平分，但是他也同样承认财产的再次分配以及私人所有权，只是财产私有权并不是依据自然法，而是经过人们的共同同意和制定法确立的。[②] 这里的"共同同意"也反映

[①] William of Ockham, Arthur Stephen McGrade and John Kilcullen, eds., *A letter to the Friars Minor and Other Writings*, trans. John Kilcullen, Cambridge: Cambridge University Press, 1995, Introduction, xiv-xix.

[②] R. W. Carlyle and A. J. Carlyle, *A History of Medieval Political Theory in the West*, 6 vols., New York: Barnes & Noble, Inc., 1903–1936, Vol. 5, pp. 17–20.

了"涉及众人之事应由众人决断"的代议思想，制定法的过程也印证了公共权力的使用应以社会共同体的同意为基础。

以英国代议思想家奥卡姆为代表，中古西欧的思想家对财产所有权问题不同程度的讨论或涉及，虽然并不系统，也带有浓厚的神学意味，但毕竟为近现代后期财产自由权的系统讨论奠定了思想基础。至少，这个在当时还尚未成熟的概念，使更多人意识到财产自由权的重要性。后来，约翰·洛克（John Locke）在《关于公民政府的第二篇论文》（Second Treatise on Civil Government）中明确指出，"一个人通过自己的双手所创造的劳动所得，毫无疑问，都是属于这个人的财产"[1]。另外，洛克直接将财产权和政治权放在一起阐述："那些本身并没有实物财产且仅能出卖劳动力的人与本身就拥有实物财产的人相比，并不能享有同样的政治权利。不同的人应当拥有与他们的财产相比例的政治权利，一言以蔽之，大型财产所有者理应比劳动者、小规模财产所有者在政治生活中拥有更多权利。"[2] 可见，财产权是政治权的保障和基础。反观中世纪，尽管思想家的理论阐述中并未明确二者之间的关系，但从当时的王权与教权相争的历史事实来看，教权派或是王权派在财产问题上的锱铢必较，本质上也是在争夺各自在中世纪政治格局中的权力。

第三节　政治自由权

何为政治自由？对此问题，哈耶克有过阐述："自由在一般人看来，首先是指'政治自由'，亦即人们选择政府，参与立法，

---

[1] Richard Ashcraft, *Revolutionary Politics and Locke's "Two Treatises of Government"*, Princeton: Princeton University Press, 1986, pp. 23 – 25.

[2] Richard Ashcraft, *Revolutionary Politics and Locke's "Two Treatises of Government"*, Princeton: Princeton University Press, 1986, p. 74.

控制行政的权利。这实际上是把自由的原始意义运用于作为整体的人群而形成的一种集体自由。"① 哈耶克阐述了政治自由是人们选择政府、参与立法、控制行政的权利,从而保障自己的经济自由、财产自由等权利。

实际上,对政治自由权的思考和论述并不是从哈耶克开始的。早在中世纪,教会学者就已经从不同的视角对政治自由权问题进行论证。代表人物有帕多瓦的马西利乌斯、列奥纳多·布鲁尼(Leonardo Bruni)等。

帕多瓦的马西利乌斯(Marsilius of Padua)在其著作《和平的保卫者》中对人民立法者理论的阐述与政治自由权理论密切相关。马西利乌斯是中世纪最有代表性的王权派思想家之一,"人民立法者"理论是其国家观的重要组成部分。人民立法理论也被大多数西方学者称为"人民主权"理论。马西利乌斯认为,人民是国家权力机关的立法者,人民负责制定和颁布法律,立法权属于人民。这一点在《和平的保卫者(小卷)》中有明确表述,"立法者是全体公民或其中的重要部分","人类法是源自于人类的思想或者他们的选举和意愿"②,充分说明了人民与法律及立法的关系,人类的思想或者人类的选举和意愿是人类法的来源,全体公民或其中的重要部分又是立法的主体。马西利乌斯的这一观点体现了"公民共同体是政治权力的最终来源"③ 的思想。由此,马西利乌斯认为,法律应从公民的实际利益出发,任何涉及公民利益的决定都需体现"涉及众人之事应由众人决断"的原则,这一原则的主体是人民,人民拥有立法权,人民是

---

① [英]哈耶克:《自由宪章》,杨玉生、冯兴元、陈茅等译,中国社会科学出版社2005年版,第32页。
② [意]帕多瓦的马西利乌斯:《和平的保卫者(小卷)》,殷冬水、曾水英、李安平译,吉林人民出版社2011年版,第181—190页。
③ 丛日云、郑红:《论代议制民主思想的起源》,《世界历史》2005年第2期。

立法者。

那么，马西利乌斯所论及的人民是指哪些人？由人民立的法律又该如何理解？对于"人民"的含义，张云秋认为，马西利乌斯所说的人民并不是指所有人，而是指有权参加政府活动或参加议事和审判的成年男性公民。① 这也就意味着妇女、儿童、奴隶和外籍人一般是被排除的。这一点可从马西利乌斯的表述中看出："因为通过所有省或者他们大部分省的公民共同体，立法的权力或权威被转交给了德行出众的罗马人民，使得罗马人民拥有给世界上所有的省进行立法的权威。"② 罗马人民是立法的主体，具有立法权威。不仅如此，罗马人民还可将这种立法权威转交给他们的统治者。因此，罗马的统治者同样可以拥有这种权威，但这并不意味着其可以越过人民实行统治。按照人民立法的基本原则，立法权源于人民，人民可将立法权授予统治者，这种权威也可被取消或收回。尤其是当统治者的行为与人民的意愿严重相悖，被视为严重背离了上帝的旨意，也违反了与人民的契约。人民仍掌握对政治权力的最终控制权，对于不合法的暴君，人民有权对统治者加以限制或废黜。③ 这再次强调了人民作为权力主体和立法主体的权威地位。

至于如何理解法律这一问题，马西利乌斯在《和平的保卫者》中提到了神圣法和人类法两种法律。按照马西利乌斯的理解，神圣法是属于宗教范畴的法律，来源于上帝，并没有经过人类的思考④；人类法是世俗范畴内的法律，人民立法者思想源于人类法。神圣法是上帝对现世人类所提出的准则，要求人类自愿

---

① 张云秋：《马西留政治思想初探》，《世界历史》1987年第4期。
② ［意］帕多瓦的马西利乌斯：《和平的保卫者（小卷）》，殷冬水、曾水英、李安平译，吉林人民出版社2011年版，第159—164页。
③ 赵文洪：《中世纪欧洲的反暴君思想》，《经济社会史评论》2015年第2期。
④ ［意］帕多瓦的马西利乌斯：《和平的保卫者（小卷）》，殷冬水、曾水英、李安平译，吉林人民出版社2011年版，第77—86页。

遵守承诺，在神圣法的指引和帮助下追求来世幸福。对于神圣法和人类法的区别与关联，马西利乌斯一方面认为神圣法和人类法的原则是一致的，如不能杀人、不能偷盗等的规定。另一方面，马西利乌斯认为神圣法和人类法又有着本质的不同。神圣法本质上是自愿的行为和劝诫，并不是律令；而人类法却是有关人类现实需要的法律，是真正的法律。对此，笔者认为，神圣法类似于教义，教职人员并不能从神圣法中被赋予强制性权威或者权力，依据神圣法，任何人都不能剥夺公民的人身权利或者财产权，也不能对公民交往进行抑制，所以神圣法并不是真正的法律。相反，这种强制性权力属于人民立法者或者法官，只有依据人类法，才能进行强制性审判，才能对现世社会的不正当行为进行惩罚或约束，只有人类法才是真正的法律。

除马西利乌斯外，早期文艺复兴最重要的人文主义历史学家列奥纳多·布鲁尼则从"个人主义精神"的角度对政治自由进行了阐述。布鲁尼是第一位从古代、中世纪、现代三个阶段分析和阐述历史的学者，因此也被称为第一位近现代历史学家。尽管在当时，他对三个时期的划分与当代历史学家并不完全一致，但却为三分制历史时期的研究方法奠定了概念基础。[①] 大约在 1370 年，布鲁尼出生于意大利托斯卡纳地区的阿雷佐市，是政治与文化领导者萨卢塔蒂（Coluccio Salutati）——佛罗伦萨的大臣——的学生。他的市民人文主义理论体系得益于老师的悉心指导。同时，布鲁尼的政治地位也十分显赫，他于 1405—1414 年作为教会秘书先后服务于四位教皇，1410—1411 年，以及 1427 年直到 1444 年去世，他都在城市最高级别的行政事务里占据一席之地。他的市民人文主义思想正孕育于个人丰富的政治实践中。在当时，城市国家深

[①] Gary Ianziti, *Writing History in Renaissance Italy: Leonardo Bruni and the Uses of the Past*, Boston: Harvard University Press, 2012, p.432.

受战争困扰,并且相对于阿尔比齐家族和美第奇家族,布鲁尼显得势单力薄①,使得他在文艺复兴时期的人文主义思潮之下,更注重个人主义精神的阐述。他主张城市中的有志之士都应该有机会为这个国家尽责。

在个人学术方面,布鲁尼将大量的工作放在翻译上,将许多古希腊哲学与历史文本翻译为拉丁文,如亚里士多德的《政治学》和《尼各马可伦理学》等。其中,最重要的是《新西塞罗》,这是罗马政治家西塞罗的一部自传体著作。布鲁尼深受西塞罗政治思想的影响和启发。在中世纪大部分时间中,西塞罗的思想并没有产生多大影响,直到文艺复兴时期才开始振兴,而布鲁尼人文事业的开端也正孕育于他对西塞罗的重新研究中。

布鲁尼认为,所谓自由,主要是指"在法律面前所有人平等"。由此他提出了"普遍参与"的市民人文主义思想理论,被认为是中世纪平等观念和民权思想的序曲。在对"政治自由"进行阐述时,布鲁尼提出:"既然公民之间人人平等,那么,就应该由公民推选城市统治者,对政体的改革也必须经由公民同意。公民共同体应当争取立法权以及其他重要决策的表决权,即,法律必须经由公民同意。"② 布鲁尼主张由人民选择统治者和政体形式,因为这是公民作为立法者享有政治自由的重要表现。布鲁尼还进一步提出了公民共同体应当争取立法权及重要表决权的主张。这一点与马西利乌斯的"人民立法者"理论有异曲同工之妙,都体现了"公共权力的使用应以社会共同体的同意为基础"的代议民主和政治自由思想。

在中世纪教会学者关于政治自由权的论述中,都强调了政治

---

① Leonardo Bruni and James Hankins, *History of the Florentine People*, Boston: Harvard University Press, 2010, pp. 33 – 37.

② Antony Black, *Political Thought in Europe: 1250 – 1450*, Cambridge: Cambridge University Press, 1992, p. 130.

自由权中人民立法者地位的重要性。人民作为立法者,其享有政治自由的重要特征是有权推选统治者和选择政府的组成形式。不仅如此,人民享有政治自由权还表现在可以运用手中的立法权表决关涉人民公共利益的事务,这是人民立法者所享有的基本政治自由权。

第三章　教权理论体系

中古西欧的政治思想家对问题的探讨一般都难以脱离神学的理论框架。这是由中古时期特殊的政治局势所决定的。在学术文化上，中世纪教会学者几乎垄断文字和教育，众多流传后世的经典著述都出自教会学者之手。更何况，中世纪的二元权力政治关系之下，这些思想家无论出于信仰还是现实，对代议问题的阐释都要统摄于神学政治观之下，这是由时代背景所决定的。一般而言，他们的出发点多以教会利益为本，阐发对教会以及教皇权的认识。因此，代议思想的理论体系最关键、最核心的内容是以教会学者对教皇权、教会会议及其事务管理体制的理论探讨而展开的。

第一节　有限教皇权

基于上述，教会学者的代议理论必然触及教皇权问题。在这个问题上，他们的观点并不一致，有的维护教皇权，有的则反对，其中还有激进与温和之分。奥卡姆便是教皇权的反对者、王权的拥护者。

关于奥卡姆，其早年生活和教育背景人们几乎一无所知。他年轻时曾加入方济各会，在此期间，可能接受了逻辑和哲学教育。1317年，奥卡姆开始在牛津讲授由彼得·隆巴德（Peter Lombard）写就的经典著作《格言四书》（拉丁语作"Libri Quattuor Sententiarum"，英文为"*The Four Books of Sentences*"）。这是一部大约写于1150年的系统神学汇编，收集的是关于圣经段落的句子或权威陈述。[①] 1321年，奥卡姆到伦敦修道院任教，直至1324年。在此期间，奥卡姆撰写了许多作品，虽然符合神学硕士学位的要求，但他既没有获得学位，也没有在大学里担任过神学教授。他曾对邓斯·斯各特（Duns Scotus）进行过抨击，他的一些观点在当时引起了不少人的敌意。1323年，在阿维尼翁（Avignon）的教皇法庭上，奥卡姆被指控为异端邪说，控告可能来自牛津大学的前校长约翰·卢特尔（John Lutterell），卢特尔本人也是一个有争议的人物。奥卡姆于1324年抵达阿维尼翁，教皇专门任命了一个委员会来审查他对《格言四书》的解读与相关教案。然而，委员会所谴责的任何理由都没有使他受到正式的处罚。同一时期，教皇与方济各会的高级教士切塞纳的迈克尔（Michael of Cesena）就信徒的贫困问题，即方济各会能否作为一个整体放弃所有财产，发生争执。切塞纳于1327年也抵达阿维尼翁。1328年，可谓是奥卡姆一生的转折点，一位可能是切塞纳的高级神职人员要求调查奥卡姆有关贫困的言论。他大胆地断定，约翰二十二世是个异教徒且不应当再继续担任教皇。切塞纳、奥卡姆和另外两名方济各会修士在夜幕的掩护下离开阿维尼翁，前往比萨（Pisa），与被迫从罗马撤退的巴伐利亚路德维希（Ludwig of Bavaria）皇帝会合，并一起撤退到慕尼黑，在那里，奥卡姆成为皇帝与阿维尼翁教皇之间斗争的学者领袖之一。奥卡姆被教皇逐出

[①] Elizabeth Frances Rogers, *Peter Lombard and the Sacramental System*, Merrick, NY: Richwood Pub. Co., 1976, pp. 219 – 222.

教会，理由是他未经允许离开了阿维尼翁。路德维西于1347年去世后，慕尼黑的修士开始寻求与教皇的和解。人们一度认为奥卡姆也曾寻求和解。然而，后来的研究表明，1347年奥卡姆去世，寻求和解的"威廉"不是奥卡姆的威廉。①

奥卡姆的许多著作都探讨了财产权、教皇权与王权问题。②他在《关于皇帝和教皇权力的对话》中提出了关于政治权力问题的主要观点，特别是关于教皇的错误及其与帝国的权力之间的关系问题。他阐述道："教皇不应该是最高的审判者，他不能处在一个这样的地位。应该有更高的审判者审判教皇，那个审判者就是皇帝。皇帝是整个世界的统治者和君主……并且可以审判教皇的各种罪行。"③ 笔者认为，奥卡姆是坚定的王权派，主张皇帝拥有强制性的司法权。在当时的时代背景下，奥卡姆等具有代议意识的思想家将强制的司法权等同于世俗权力。与马西利乌斯不同，奥卡姆为国王或皇帝所辩护的政治观点相对温和，他并没有把教会视为国家的一个职能部门而需完全服从于国家。他认为两者是并列的关系，平时各司其职，只有在极其特殊的情况下，皇帝才具有纠正和审判教皇错误的权力，并且每个信徒都有这种权力。奥卡姆认为，诸如革除教皇在基督教社会中的权威等这类重大事务应由全体信徒或其代表所组成的宗教大会来决定，体现了"涉及众人之事应由众人决断"的代议民主思想。

在这本书中，奥卡姆以学生提问、老师回答的形式阐述他的观点，这也是中古时期诸多神学和政治学著作的一大写作特点。这部著作总共分为三个部分。第一部分（1333—1334）完整地留

---

① Gedeon Gal, "William of Ockham Died 'Impenitent' in April 1347", *Franciscan Studies*, Vol. 42, 1982, pp. 90 – 95.

② Paul Vincent Spade ed., *The Cambridge Companion to Ockham*, Cambridge: Cambridge University Press, 1999, pp. 20 – 26.

③ Black, Antony, *Political Thought in Europe*, 1250 – 1450, Cambridge: Cambridge University Press, 1992, pp. 89 – 91.

第三章 教权理论体系

存了下来。在这一部分，奥卡姆论述了异端的本性，神学与教会法的关系，教皇、宗教会议和教会的绝对正确，审判教皇陷入异端邪说时应遵循的程序，以及对异教徒及其帮凶的惩罚。第二部分奥卡姆似乎已经提前计划好纲目，但却没有撰写，只在一些手稿中插入了两本小册子。第三部分（约1338—1346）原计划讨论九个不同领域的问题，其中只有两个留存下来，一个是关于教皇和神职人员的权力，另一个是关于罗马帝国的权力。[1] 前者探讨了教皇都有哪些权力，或者说，教皇的权力为何如此宽泛，同时，探讨了教皇以国王的方式统治信徒群体是否有益，教皇是否通过基督教的法令拥有这种权力以及哪些文章可以用来参考以回答之前的这些问题。后者展示了奥卡姆对亚里士多德关于王权和贵族的描述的运用，论述了教皇统治与自然法和实在法的关系。

本书在这里简要地介绍一下《对话》第三部分的内容。在第一卷中，第一章和第二章分别支持和反对这样一种观点：信徒群体由一个领导者统治，即最高教宗，比由几个人统治更有益。反对的论据在后面两个章节进行了论述，支持的论据在第一卷的结尾进行了论述。在第一章中，奥卡姆阐述，正如亚里士多德所证明的，在与基督教有关的事务中，以类似于世俗宪法的政府形式来管理，对信徒团体是最有益的，这就是王权。在这些包罗万象的辩证探究的零散要素中，笔者发现了与亚里士多德思想有关的三个主要的题外话：第一，对亚里士多德的政治术语的回顾；第二，讨论亚里士多德关于王权的论述是否适用于教皇；第三，讨论教会是否应该将政权从王权转变为贵族政治。因为最后一章回应了第一章的论点，所以在第二卷结尾奥卡姆明确地将支持教会

---

[1] Paul Vincent Spade ed., *The Cambridge Companion to Ockham*, Cambridge: Cambridge University Press, 1999, pp. 31 – 34.

内部采用王权治理形式的最初陈述否定了，认为这是毫无价值的。奥卡姆指出，王权是由一人统治，并不适合整个世界或者是世界上的每一个地方。基于上述原因，整个世界和世界上的各个王国分别由各自的国王统治，比统一由一个最高教宗统治要更有益，没有一个人比另一个人有明显程度上的优越。[1] 这样一来，奥卡姆就以一种含蓄的形式，否认或者限制了基督教在世俗世界中拥有的财富或权力，其目的是驳斥约翰二十二世在世俗世界中扩大政治权力、搜刮财物的行为。第三部分的第二卷将重点从教会转移到帝国。这一卷主要讨论了帝国权力的来源和它被教皇转移或终止的可能性；国王在世俗世界中人和事的权力与教皇的权力不同；国王在精神世界中的权力，特别是关于教皇的选举问题；以及自然法的几种模式。第三部分的剩余部分中，这些内容要么丢失了，要么没有写出来，奥卡姆打算对约翰二十二世、巴伐利亚的路德维希、本尼迪克特十二世（Benedict XII）、切塞纳的迈克尔以及其他参与争论的人物的事迹做一个描述，而他本人在这场争论中扮演了重要角色。

与马西利乌斯相较，奥卡姆也强烈反对当时的神学家以及早期的经院派哲学家对教皇权力无限扩大的支持，只是奥卡姆的批判建立在对不同的政治和宗教的本质和特征的理解上。然而，《对话》这部著作为教皇的敌对势力，主要为王权派提供了论据。除此之外，奥卡姆的神学教义也为路德和其他改革者铺平了道路，对后来的思想家产生了深刻影响，如约翰·布里丹（John Buridan）、彼得·戴利（Peter Daly）和约翰·格尔森（John Gerson）等。

---

[1] William of Ockham, Arthur Stephen McGrade and John Kilcullen, eds. *William of Ockham: A Letter to the Friars Minor and Other Writings*, trans. John Kilcullen, Cambridge: Cambridge University Press, 1995, Introduction.

第二节　教会内部的民主

12世纪末至13世纪初，教皇权力达至鼎盛，"吻足礼"被写入《教皇敕令》。到14世纪末至15世纪中期，"会议至上主义"兴起，其宗旨是把教皇塑造成宪政主义者。14世纪，马西利乌斯在其政治著作《和平的保卫者》中提出，宗教事务的决定权并不属于教皇，也不属于个别主教或神职人员，而是属于全体基督徒或者是由处于所有基督徒地位的人组成的全体委员会。奥卡姆则温和地指出教皇权并不是绝对的，而是受到多方面制约的。至15世纪，库萨的尼古拉深受马西利乌斯和奥卡姆的影响，在其最重要的政治著作《论天主教的和谐》中把由信众代表所组成的宗教大会视为实现教会内部民主的重要机构。

一　同意问题

库萨的尼古拉是一位神父，由于在教会中的杰出地位，他的思想被列入经院哲学的范畴。尼古拉深受马西利乌斯和奥卡姆的影响。[1] 他的著作《论天主教的和谐》(*The Catholic Concordance*)中饱含了对马西利乌斯"人民主权"思想理论的代际传承，而这种"人民主权"的观念正是孕育代议的珍贵土壤。因此，尼古拉的思想在被列入哲学研究范围的同时，也引起了政治思想研究领域的极大兴趣。他在著作中表明了支持宗教全体会议的立场，主张"涉及众人之事应由众人决断"，教会内部也应如此，教俗规

---

[1] 徐大同主编：《西方政治思想史（第二卷）》，天津人民出版社2005年版，第428页。

则的制定都应得到民众的认可。根据尼古拉在其著作中引出的代议思想，笔者试将尼古拉关于教会内部的民主定义为将协商与同意的原则运用于教会内部结构的管理方式。

尼古拉于1401年出生于德国摩泽尔河（Moselle River）边的库司市（Kues）。他的父亲是一位富裕的船商，同时还是葡萄园主，曾在陪审团效力并偶尔向当地贵族放贷。父亲在陪审团的经历大概对幼年的尼古拉关于法律的概念有启蒙作用。1416年，15岁的尼古拉在海德堡大学（University of Heidelberg）度过了一年的学习生活后，于1417—1423年至帕多瓦大学（University of Padua）继续深造，主要从事关于教会法方面的研究。拿到博士学位的尼古拉于1425年返回德国并进入科隆大学（University of Cologne）学习哲学及神学，期间，他也同时负责大学中有关教会法的教学工作。[①] 尼古拉青年时期脚踏实地的学习与研究生涯奠定了他之后出任高级神职人员的重要根基。在哲学和神学方面，尼古拉成为经院哲学的代表人物。在教会法方面，尼古拉由教会内部的民主推及世俗政府，他所提出的政治思想——正如他的重要著作《论天主教的和谐》中的"和谐"二字——始终起到了调和的作用：综合教皇专制与宗教大会代表制，综合神权君主制与法制。在一定程度上，尼古拉承担了由传统政治思想向近代代议理论转变的使命。

1427年和1429年，尼古拉作为特里尔（Trier）大主教的秘书出访罗马，并与一些意大利人文学者建立了联系，这些学者非常欣赏尼古拉关于已经发现的一些原本失传多年的德国修道院及大主教图书馆的经典手稿的研究。[②] 大约1433年，尼古拉

[①] Nicholas of Cusa, *The Catholic Concordance*, Cambridge: Cambridge University Press, 1991, p. xi.

[②] Nicholas of Cusa, *The Catholic Concordance*, Cambridge: Cambridge University Press, 1991, p. xii.

参加了巴塞尔宗教大会（Basel Religious Conference）。巴塞尔宗教大会主张统治基督教的权力存在于和谐的宗教社会中，并且承认教皇至高无上的地位，以此为基础，以达到巩固教会地位的目的。尼古拉在大会中与各派调解和谈判，但是他也逐渐意识到多数代表都在国王的掌控之下，都在为各自的政治利益集团而尽力斡旋。① 也正是这时，尼古拉开始着手写作《论天主教的和谐》。② 这部作品正是以这些修道院及大主教图书馆的经典手稿为一手资料的。

尼古拉将教会内部的民主推及世俗政府，其中涉及一个关乎代议理论的核心概念，即"同意"。关于同意，尼古拉有三个观点值得注意：第一，法律的效力只能在它所针对的对象的主观同意中才能继续存在下去，教会法根植于人们的自然权利；第二，制定教会法的权力在于宗教大会的共同同意；第三，教会管辖权是由信众的主观同意并经神权的确认而制定的。③ 尼古拉主张教会法根植于人们的自然权利。何为自然权利？正如我们所熟知，自然权利即"人生而平等和自由"。尼古拉将自然权利观念巧妙地融入了其关于教会内部结构的政治构想。他认为，正是因为教会中各信众生而平等，所以圣职无论高低，所拥有的权利和自由都应当是平等的。其中，选举和共同同意是起决定性作用的两项权力。"人生而平等和自由"是尼古拉阐述人民表达同意的逻辑前提。④ 尼古拉曾在《论天主教的和谐》中这样写道："每一种法

---

① Peter L. McDermott, "Nicholas of Cusa: Continuity and Conciliation at the Council of Basel", *Church History*, Vol. 67, No. 2, 1998, pp. 254–273.

② Peter L. McDermott, "Nicholas of Cusa: Continuity and Conciliation at the Council of Basel", *Church History*, Vol. 67, No. 2, 1998, pp. 254–273.

③ 徐大同主编：《西方政治思想史（第二卷）》，天津人民出版社2005年版，第431页。

④ Nicholas of Cusa, *The Catholic Concordance*, Cambridge: Cambridge University Press, 1991, p. 101.

律的约束力都存在于一种不言而喻的和谐，这种和谐抑或是存在于人民所表达的同意之中。"[1] 因此，教会法的制定和实施应当取得信众或信众的代表所组成的团体的共同同意，这是自然法与自然权利所赋予人民的权利。

上文已述，笔者暂且将尼古拉所主张的教会内部的民主定义为"将协商与同意的原则运用于教会内部结构的管理方式"，那么，尼古拉所主张的教会内部的民主的具体内涵又包括哪些？也就是说，教会信众拥有了民主的权利，主要能做什么？或者说信众拥有哪些民主的权利？结合国内学者黄颂有关尼古拉思想的研究成果，[2] 笔者认为可以从两部分去理解：第一，关于神职人员是高级神职甚至是教皇的选举须经"同意"，也即"教会管辖权是由信众的主观同意并经神权的确认而制定的"；第二，教会法的制定须经"同意"，也即"制定教会法的权力在于宗教大会的共同同意"。第一部分"法律的效力"中所说的法律应该是自然法，尼古拉认为自然法本身也是依据人们的同意才能存在，以此类推，教会法更应如此。第二部分中说，教会法的制定需经过宗教大会的共同同意，而宗教大会即信众代表所组成的团体，获得宗教大会的共同同意理论上也就是获得教会所有信众的同意。

从某种意义上来说，尼古拉在思想传承的过程中完善了宗教全体会议的思想，这是他对中古代议思想的重要贡献。即使从现代政治的角度分析，也会发现"选举个人代表"要比"选举团体代表"容易很多，尽管个人也存在优缺点，但是相对于一个团体来说，选举个人更有针对性，团体由于人数众多本身就具有复杂性，很难评价一个团体的每个人是否都能真正代表共同体的利

---

[1] Nicholas of Cusa, *The Catholic Concordance*, Cambridge: Cambridge University Press, 1991, p. 101.

[2] 徐大同主编：《西方政治思想史（第二卷）》，天津人民出版社，第427—433页。

益，这可能会为基督教社会内部的选举造成困扰，甚至容易形成宗教权力过于集中于某个社团的寡头政治。并且，选择一个多大规模的团体来代表共同体的利益，奥卡姆并没有进行详细阐述。从实践的角度看，奥卡姆的主张更难实现。另外，细分之下，他实际上提出了与尼古拉略有不同的观点，他认为宗教会议应该采用单位代表制，而没有想到个人代表。他主张代表的基础应该是教区、修道院和大教堂的牧师会的教团，也就是用特定社团来代表共同体的利益。可见，在思想传承过程中，不同代议思想家对于代表制度思想内涵的整合和取舍，形成了代议思想在具体表达形式上的多元性。

二 宗教全体会议

马西利乌斯关于宗教全体会议的理论是他的"人民主权"思想在基督教会内部宗教事务中的体现。马西利乌斯认为，宗教事务的决定权并不属于教皇，也不属于个别主教或神职人员，而属于全体基督徒或者由处于所有基督徒地位的人组成的全体委员会。[①] 宗教全体委员会体现了基督教内部"涉及众人之事应由众人决断"的代议民主思想原则，基督教内部公共权力的使用应该以全体信徒的同意为基础，因为全体基督徒共同体才是宗教权力的最终来源以及所有者。这种宗教全体会议最直接的目的是解释《圣经》：若有人合乎情理出于永远得救的目的，对《圣经》中的某些内容提出怀疑，教会将会以全体委员会的形式对被提出质疑的部分进行慎重探讨，并得出审慎的结论或决议，最终对此做出声明。

---

① ［意］帕多瓦的马西利乌斯：《和平的保卫者（小卷）》，殷冬水、曾水英、李安平译，吉林人民出版社2011年版，第123—126页。

另外，信徒全体委员会还有任命和取消神职的职权，每当信徒需要神职人员为他们效力，便召开宗教全体会议进行选举和任命，任何教士个人都无权这样做。① 由此，依据教会全体委员会理论，每个基督徒在上帝面前都是平等的。对于《圣经》中彼得或者罗马教会具有的优先权，马西利乌斯认为这种优先权已被上帝或耶稣取消，如果彼得或者罗马教会拥有或者曾经拥有一些优先权，那么这种权力也并不是与生俱来的，而是来自其余信徒的选举或一致同意。

三 教会的权力

罗马的吉莱斯（Giles of Rome）的代议思想的核心内容是权力之间的相互制衡，即教会乃至教皇至上的权力是对王权的有力压制。

史料载，他是赫赫有名的科隆纳家族（Colonna Family）的一员。科隆纳家族是欧洲中世纪以及文艺复兴时期在意大利拥有强大势力的一个贵族家庭，该家族成员有包括教皇马丁五世（Martinus pp. V）在内的至少20位枢机主教和政治领袖。吉莱斯很早就加入了奥古斯丁隐士会（Augustinain Hermits）并被派往巴黎，在那里他进修了神学，并且在托马斯·阿奎那二次逗留巴黎期间（1269—1272）参加了他的讲座。吉莱斯的早期作品包括对亚里士多德《修辞学》的评论，在中世纪具有重要的影响力。《哲学家的错误》(*The Errors of the Philosophers*) 也被认为是吉莱斯的作品，这篇论文是从亚里士多德、阿维洛伊（Averroes）、迈蒙尼德（Maimonides）和其它与基督教教义相抵触的文章中被挑选出来的，但是因为资料有限，他的作者身份也受到了质疑。1277年，

---

① 张云秋：《马西留政治思想初探》，《世界历史》1987年第4期。

吉莱斯对彼得·隆巴德的经典著作《格言四书》的第一卷的评注受到教会的审查，受审查的文章达51篇之多，其内容大多与托马斯·阿奎纳著作中的一些命题相似。吉莱斯并没有对这51篇文章公开认错，也没有在调查机构面前为自己辩护。尽管针对他的诉讼程序似乎已经暂停，但是他的大学生涯却因此而停止。据说他后来成了法国国王腓力三世（Philip III）儿子的家庭教师。在国王的要求下，吉莱斯为王子创作了《王子的政府》（英文名"On the Government of Princes"，拉丁文名为"De Regimine Principum"）一书，这是中世纪广受关注的政治著作之一。这部著作采纳了亚里士多德的伦理学、政治学和修辞学的观点，对于《圣经》的引用非常少。吉莱斯研究了一种世袭王权的理论，这种王权适用于中世纪欧洲的君主政体。在这种王权中，国王的权威高于民法，但又从属于自然法和神法。[①] 在一个多世纪的时间里，这部作品被翻译成多种语言（法语、意大利语、希伯来语、英语和葡萄牙语），并保存在350多份手稿中。

吉莱斯于1281年回到意大利，同时担任了多个职位。1285年教皇马丁四世（Martin IV）死后，新教皇霍诺留四世（Honorius IV）下令成立一个委员会重新对吉莱斯的作品展开调查，结果，吉莱斯重获教学资格并成为神学大师。同时代著名的方丹的戈弗雷（Godfrey of Fontaines）称赞吉莱斯为"巴黎大学最伟大的老师"。1287年，吉莱斯的著作成为神学领域的官方学说。1295年，在同僚贝尼代托·卡塔诺（Benedetto Caetano）被选为教皇博尼法斯八世（Pope Boniface VIII）之后，吉莱斯被任命为布尔日的大主教。从那时起，他经常出现在教会法院。1301—1302年，在博尼法斯与腓力四世（Philip IV）的第二场辩论中，吉莱斯写了《教会的权

[①] Ch. F. Briggs, *Giles of Rome's De regimine principum: Reading and Writing Politics at Court and University*, *c.* 1275 – *c.* 1525, Cambridge: Cambridge University Press, 1999, pp. 88 – 102.

力》(英文名"On Ecclesiastical Power",拉丁文名"De Ecclesiastica Potestate")一文,这也许是中世纪一位神学家关于无限教皇权力以及教皇至上主义最彻底的辩护。这部著作为博尼法斯提供了理论基础,标志着教会政治对世俗权力的要求达到了顶峰。1303年博尼法斯去世后,吉莱斯在教廷的影响力逐渐减弱。

吉莱斯在《教会的权力》中,要求教皇在人类生活的所有领域中最大程度地扩大权力并让所有基督徒都有所知晓。这部著作总共分为三卷:第一卷探讨了教会的权威与世俗权力的关系;第二卷内容与第一卷相仿,论证教会的权力高于王权,在地位上也比王权更加尊贵;第三卷驳斥作者自己提出的反对立场,并以之前教皇法令的语言为基础,提出了一个详细的理论。依据这个理论,当具备合理的条件时,教会可行使一种特殊时期的、最高级别的管辖权。虽然吉莱斯是阿奎那的学生和奥古斯丁的信徒,奥古斯丁的论著常常被引用在他的著作之中,但是,他使用神学支持和深化教规和判决,对教皇专制主义的有力辩护远远超过了前两者。吉莱斯在这个问题上的观点更类似于圣威克多的休(Hugh of St. Victor)和罗杰·培根(Roger Bacon)。[①]

吉莱斯认为,精神力量比世俗力量更加高贵,这点从权力的起源以及权力制度本身就可以证明。同时,这一点在《旧约全书》中也表现得很明显,在那里,教皇的职位首先是由上帝设立的,随后,在上帝的命令下,通过教皇间接授予了国王权力。因此,国王必须承认教皇的地位高于一切。吉莱斯认为,如果有人说,不是所有的王权都是通过教皇建立起来的,则将回答说,未通过教皇建立起来的任何王权都是不合法的,那是掠夺过来的权力,或者是通过教皇授予权力的国王的继任者,因为凡属自然法

[①] Joshua Parens and Joseph C. Macfarland eds., *Medieval Political Philosophy: A Sourcebook*, Agora editions, New York: Cornell University Press, 2011, pp. 328–330.

范围内的外邦人的国家，几乎都是通过侵略和掠夺而形成的。彼得（Peter Comestor）在《经院哲学史》（*Historia Scholastica*）① 中提到，《创世纪》第10章中曾记录，尼姆罗德（Nimrod）始于巴比伦的统治，就是通过入侵和篡夺获得了王权。吉莱斯在这里引用彼得的观点，称尼姆罗德是通过民间力量而不是通过正义获得了自己的王国，他的强大不是来自上帝，而是来自大地。同时，吉莱斯还引用了奥古斯丁在《上帝之城》中的说法："没有正义的王国就是强盗的国度，虽然这些人被称为国王，但他们其实不是国王，而是小偷和强盗。"② 因此，吉莱斯认为，未通过神职制度建立的王权不是王权而是抢劫，或者来自与神职人员的勾结。他以《圣经》中记载的公元前1020—前1000年古代犹太王国为例阐述，其实，犹太王国的第一任国王扫罗（Saul）在通过撒母耳（Samuel）被上帝任命为国王之前，麦基洗德克（Melchizedek）是塞勒姆的国王，同时，他也是一位由上帝任命的神职人员，因此，麦基洗德克的王权是由上帝直接授予的。在这种情况下，没有脱离神权、独立存在的王权，由于精神力量和世俗力量的结合，王权和神职人员将联合在一起，因此这里的神职人员的权力优于单纯的王权。但是现代王权是通过神职制度建立的王权的继承者，扫罗的王权是在现代王权存在之前通过神职建立的，应该在历史中追溯权力的本源，因此，吉莱斯主张，所有的王权都可以追溯到王权最开始的时候，即通过神职由上帝授予。③ 从这个意义上讲，所讨

---

① 《经院哲学史》（*Historia Scholastica*）是由彼得（Peter Comestor）用中世纪拉丁语编写的12世纪圣经释义。它借鉴了《圣经》和其他资料，包括古典学者和教父的作品，有时被称为"中世纪通俗圣经"，以呈现世界性的历史。Morey, James H., "Peter Comestor, Biblical Paraphrase, and the Medieval Popular Bible", *Speculum*, Vol. 68, No. 1, 1993, pp. 6 – 35.

② S. Angustine, *The City of God*, Massachusetts: Hendrickson Publishers, 2009, pp. 25 – 33.

③ R. W. Dyson, *Giles of Rome's On Ecclesiastical Power: A Medieval Theory of World Government*, New York: Columbia University Press, 2004, pp. 28 – 32.

论的王权是合法的王权以及与神职区分开来的王权。

概括而言，吉莱斯的王权来源说包括四种方式：侵略和掠夺、与神职联合、通过圣职由上帝授予、继承。然而，通过篡夺而获得的王权，不在讨论的范围，因为这是不合法的。此外，与神职相联合的王权也不在讨论范围，因为它与神职并不分离。吉莱斯所说的是通过神职制度建立起来的王权，或者说是通过继承而获得的由神职制度建立起来的王权。因此，国王与神职应该是独立存在的，正统的王权源于神职制度，是通过神职由上帝授予的。因此国王的权力应该服从于神职人员的权力，世俗统治者应该服从于精神世界中的最高统治，即教皇的统治。[1] 王权的第四种获得方式是从政府的运行机制本身衍生出来的。因此，如果想要知道哪一种力量处于哪一种力量之下，就必须关注整个世界的政府运行机制。从中可看到，整个物质世界是由精神控制的。吉莱斯借用有机体论的观点，以身体由大脑统治为例，清晰地阐述，下级被上级统治，实力较弱的人被实力较强的人统治，有形的物质世界应该是由精神世界来统治，而整个属于精神世界的物质则应该由至高无上的精神进行统治，那就是上帝。这一点深受奥古斯丁的影响。奥古斯丁也曾在《论三位一体》(De Trinitate)中表达过，通过更微妙、更强大的力量，物质世界中某些特定的整体和身体遵照一定的顺序，所有的身体都是通过精神以及整个创造者创造的。而那位负责整个世界机制的统领的神，即上帝，是他的教会和他忠实的子民的特别总督。[2]

---

[1] R. W. Dyson, *Giles of Rome's On Ecclesiastical Power: A Medieval Theory of World Government*, New York: Columbia University Press, 2004, p. 35.

[2] Joshua Parens and Joseph C. Macfarland eds., *Medieval Political Philosophy: A Sourcebook*, Agora editions, New York: Cornell University Press, 2011, p. 244.

第四章　俗权制度设计

代议思想或理论在代议制度的形成和发展过程中起到先导性作用，其中有关制度设计的内容是重中之重，对现实中的代议实践有极强的指导作用。基于此，本章意欲站在文明的高度，探讨英国议会起源和发展的思想依据，即是什么政治理念和理论影响了代议的制度设计。若是缺乏代议思想的考量，本书对代议制度发展历程的探讨就不能深入，对议会起源的理解也就肤浅而片面。

第一节　人民立法者和等级君主制

"政治权力来源于公民共同体"是实现代议思想的理论基础，也是"选出代表组成代议机关代为表达人民意志"的保障。代议的前提是保证民主的广泛性，保证人民手中享有政治权和国家主权的决策力。中世纪马西利乌斯的"人民主权论"暗含了这一思想：王权并非来自上帝并通过教皇授予国王，而是来源于公民共同体。他主张实行等级君主制，即人民有权选出代表组成代议机关代为表达人民意志。

马西利乌斯出生在帕多瓦的一个公证员家庭。他与家乡的阿尔韦蒂诺·穆萨托（Albertino Mussato）是好朋友。阿尔韦蒂诺·穆萨托是一名人文主义诗人和历史学家，在与帕多瓦关于自由问题的有力辩论中而闻名。在青年时期，马西利乌斯似乎在法律和医学专业之间犹豫不决，最终决定选择后者。据相关史料记载，他曾担任巴黎大学校长（1312年12月12日至1313年3月13日），并结识了一些有名的阿维洛伊主义学者（Averroists），如来自帕多瓦的阿巴诺的彼得（Peter of Abano）、简登的约翰（John of Jandun）等。作为中世纪的哲学流派，阿维洛伊主义（Averroism）的理论基础来自12世纪安达卢西亚伊斯兰哲学家阿维洛伊（Averroes）的相关著作，主张哲学高于神学。[①] 教皇约翰二十二世先后在1316年和1318年向马西利乌斯保证为他保留一个牧师职位，这将对他的学术研究很有帮助，然而马西利乌斯并未听从，也就没有获得这个职位。1319年，当吉柏林派成员[②]受邀和拉马什的查尔斯伯爵（后来是法国的查尔斯四世）洽谈时，马西利乌斯代表米兰的马泰奥·维斯孔蒂（Matteo Visconti）和维罗纳的坎·格兰德（Can Grande）出席，教皇一直以来为反对"人民主权论"所做的努力没有成功。马西利乌斯在政治斗争中的倾向与他"人民主权论"的形成有密切关系。

1324年，代表作《和平的保卫者》完稿，马西利乌斯被广为人知，之后便开始为巴伐利亚的路德维希效力。当时路德维希正处在与教皇的激烈争论之中，教皇不承认皇帝的当选和正统性，认为帝国的宝座是空的，而自诩为帝国的管理者。1327年，在阿

---

① Bonnie Dorrick Kent, *Virtues of the will: the transformation of ethics in the late thirteenth century*, Washington: Catholic University of America Press, 1995, p. 41.

② 英文为 Ghibelline，译为"吉柏林派"，意为"皇帝党"，是12—15世纪意大利政治斗争中的派别之一，以大封建主为主要成员，以维护封建特权为目的，拥护神圣罗马帝国皇帝。与之对应的是归尔甫派，教皇党。

维农主持会议的教皇约翰二十二世对《和平的保卫者》中的五个命题进行公开谴责,并宣布剥夺马西利乌斯教籍进而逐出教会。[①] 1327 年和 1328 年,马西利乌斯陪同路德维希前往罗马,以巩固他在意大利吉柏林派中的地位和皇家官职的合法性,这可以被看作马西利乌斯反教皇主义的一次实践。但是,这是一次注定失败的实践。按习惯法,皇帝通常需要在罗马被教皇加冕,以示王权继承的正统性和上帝的认定。但是鉴于当时路德维希与教皇的针锋相对,这显然是不可能的。于是,路德维希由科隆纳以罗马人民的名义加冕,同时,皇帝又以"整个神职人员和罗马人民的权威"废黜了教皇约翰二十二世并任命了新教皇。这充分体现了马西利乌斯的"人民主权论",为世俗皇帝的权力来源找到了理论依据:王权并不是通过教皇的授予而间接来自于上帝;相反,政治权力源于公民共同体,来自人民权力的转让。因此,教皇无权干涉世俗权力。同时,马西利乌斯被任命为这座城市的牧师。然而,及至 1328 年 8 月,路德维希由于缺乏资源,缺乏吉柏林派同盟的积极支持,被迫从罗马撤军,第二年又从意大利撤军。马西利乌斯也一起回到了巴伐利亚,并在那里度过了余生。1336—1337 年,路德维希与约翰的继任者本尼迪克特十二世(Benedict XII)进行谈判,并开始与马西利乌斯、奥卡姆等学者逐渐疏远。然而,1340—1341 年,马西利乌斯的学术活动再次活跃起来。他撰写了《和平的保卫者》。这篇简短的作品从《和平的保卫者》中将重要论点提取出来,并讨论了关于路德维希的儿子即将与蒂罗尔伯爵夫人结婚的法律问题。

  《和平的保卫者》主要由三篇篇幅不等的论文组成。第一篇论文理性论证了马西利乌斯对公民社会的性质和起源的看法,以隐蔽的方式驳斥教皇权力及其完美教义的理性依据。其中大

[①] Carlo Pincin, *Marsilio*, Turin: Edizioni Giappichelli, 1967, pp. 156–157.

量内容都是通过理性论证区分"法律"和神法的强制命令,指出后者只是教训和告诫。其他章节则讨论了统治效率问题,特别是统治者的品质、他的当选、政府在国家的统一,以及统治者的修正。第二篇论文构成了这部作品的主要部分,是对教皇的世俗权力和强制权力过于宽泛的控诉,马西利乌斯认为这是城市和国内政治冲突与不和的唯一原因。在这一部分中,马西利乌斯的论点主要基于《圣经》和其他基督教权威作品。同时,第二篇论文中还论述了"权利"的多种含义,包括自然权利。第三篇论文简要总结前面几篇论文的研究成果,并从中得出一些结论。

马西利乌斯的目标不是制定一套完整的政治哲学,而是解决一个亚里士多德在前基督教时期难以提出的问题:教皇在精神和世俗权力范围内的侵占和滥用,其结果是对社会和平造成威胁。然而,对亚里士多德思想的这一延伸,使马西利乌斯公然背离了亚里士多德:在强制性地将人类法与教会法严格区分开来的过程中,马西利乌斯将人类法的唯一来源——立法者定义为"人民或全体公民,或其更重要的部分",同时,也需要考虑到人的品行和才能。在一些读者看来,这似乎是对人民主权的大胆表达,也是对现代民主理论的期待,它根植于马西利乌斯在帕多瓦时的思想。另一些人注意到马西利乌斯为吉柏林党派和皇帝所做的贡献,指出书中的立法者实际上可能是一个人,比如皇帝。对于"人民立法者"学说中这种不可根除的歧义,最终涉及《和平的保卫者》中的阿维洛伊主义问题。人们对书中阿维洛伊主义倾向的发现,源于马西利乌斯第一篇论文中坚定的世俗主义,以及在第二篇论文中将所论述的结果应用于对教会的主张中。然而,"拉丁阿维洛伊主义"的传统主题——灵魂的不朽、世界的永恒——并不存在。阿维洛伊主义学者从唯物主义的角度,对知识服从信仰、哲学服从神学提出异议,甚至宣称神学所认为是错误

第四章　俗权制度设计

的说法，可能就是哲学的真理。① 更重要的是，几乎没有直接的证据表明波伊提乌（Boethius）热衷于将哲学作为生活的最高方式，也没有证据表明阿尔法拉比（Alfarabi）认为哲学家和统治者在完全意义上是相同的。马西利乌斯对"立法者"的狭义的理解中，即《和平的保卫者》中主张立法者实际上可能是皇帝，其实并未包含阿尔法拉比的教义，因为对阿尔法拉比来说，"立法者"一词恰恰指的是全体公民中更有分量的部分，而不是哲学家。马西利乌斯采用这种反君主制或反贵族的原则来反对教会对世俗政治权力的侵犯，就仍然存在这样一个问题：他是否打算把这一反贵族的原则同样应用于提升哲学在人类共同生活中的地位，正如阿尔法拉比或波伊提乌所断言的那样？不管人们如何理解这个问题，马西利乌斯的学说在14世纪使得他本人声名狼藉。

人民立法者理论是马西利乌斯代议思想里最有分量的一部分，不少西方学者也称之为"人民主权"思想。因为《圣经》中对教权的来源表述得十分清晰——来自上帝的授予，但是对于世俗权力的来源表述得并不明确，这引起了中古教权与王权从属关系的极大争议。教权派认为王权所统治的是物质性的对象，自然不能与教会在精神世界的统治相提并论，因为物质从属于精神，所以王权也应该从属于教权，教会有权干涉世俗事务。而王权派却不以为意。即使在中世纪神权政治的背景之下，不少思想家也已经逐渐意识到宗教和政治的分离才是解决"教俗权之争"的最佳途径。② 因此，一些代议先驱迫切地为王权建立理论依据和话语体系。也因此，解决世俗世界中政治权力的来源问题是当务之急。王权派认为王权并不是通过教会的授予间接地源于上帝，而

---

① 金炳华主编：《哲学大辞典（修订本）》，上海辞书出版社2001年版，第15页。
② Joshua Parens and Joseph C. Macfarland ed., *Medieval Political Philosophy: A Sourcebook*, Agora editions, New York: Cornell University Press, 2011, pp. 61–62.

· 89 ·

是直接来源于人民。

马西利乌斯是王权派的典型代表。鉴于基督教的社会价值，马西利乌斯肯定了教会在精神领域的主导地位以及在世俗领域的调节作用，但是在世俗政治事务中，教会必须服从于国家的统治而非参与国家内政，甚至是凌驾于国家之上。约翰二十二世对《和平的保卫者》一书中的观点进行了抨击，抨击的主要问题正是路德维希四世与约翰二十二世争论的焦点，如：教皇或高级神职在教会中并不享有特权，不能由一个人或特定的几个人来决定宗教事务，宗教事务应由全体宗教大会决定；皇帝有选任教皇的权力，没有得到皇帝授权或承认的教皇是不合法的；教会不具备司法权，无权干涉世俗权力，因为司法权是世俗权力的最重要部分。[1]

马西利乌斯主张，国家的最高权力机关是人民立法者，由其负责制定和颁布法律。《和平的保卫者》中明确阐述："立法者是全体公民或其中的重要部分……人类法源自人类的思想或者他们的选举和意愿。"[2] 进一步而言，马西利乌斯认为法律应当从公民共同体的实际利益出发，体现了"涉及众人之事应由众人决断"的代议思想。由人民立法者制定的法律，源于人民的思想、选举和意愿，自然不会违背人民的自身利益，这样的法律可称之为更高效的法律，能被人人遵守。马西利乌斯之所以强调立法，是借立法权归属性的讨论，将国家主权的来源从"上帝通过教皇授予"合理过渡到"来自人民"，彻底摆脱教皇对世俗国家统治权的干预。那么，如果把国家主权的源头归于国王或皇帝等世俗统治者，同

---

[1] Cary J. Nederman, *Writings on the Empire Defensor Minor and De Translatione Imperii*, Department of Political Science University of Arizona, Cambridge: Cambridge University Press, 1993, pp. 53 – 55.

[2] ［意］帕多瓦的马西利乌斯：《和平的保卫者（小卷）》，殷冬水、曾水英、李安平译，吉林人民出版社2011年版，第181—190页。

第四章 俗权制度设计

样可以起到反抗教皇在世俗领域的权威的作用,而这却并不是马西利乌斯的选择。可见,对亚里士多德著作熟读精思的他,深谙"世俗统治者不见得对帝国人民都心存善意"的道理,所以将国家政治权力的来源归于社会共同体——人民。由此一来,"主权在民"的思想不仅摆脱了教皇对世俗国家内政的干预,又避免了暴君对国家的恶意,人民"充足的生活"将不会遭到威胁。大多数人民的意愿是谋求公共利益的最佳途径,印证了罗马法中的一句箴言:"人民的福祉是最高法则(salus populi suprema lex)。"[1]

由人民主权论出发,马西利乌斯表达了对等级君主制的欣赏。首先,他秉承了亚里士多德的观点,认为国家是自然的产物,其存在的目的是使人能过上充足的生活。他所说的充足的生活,与亚里士多德的"良好生活"或托马斯·阿奎那的"有德生活"不完全一样。马西利乌斯认为,构成充足生活的先决要素往往是经济性的。[2] 所以,评价国家优劣的标准也是经济上是否充足。

再次,马西利乌斯的政体观不够清晰,也未阐述对某种理想政体的赞同。但是,根据相关研究,笔者从他的人民立法者理论、对立法者和政府之间关系的论述中可以看到他对等级君主制的欣赏。[3] 等级君主制国家最典型的代表是法国。从其个人经历分析,这很容易理解。马西利乌斯在法国待过相当长的时间,并在1313年出任巴黎大学校长。[4] 他必定受到法国政治制度的一定影响。1302年,腓力四世在同教会进行的一场激烈斗争中,认为全体公民的支持是胜利的保障,所以召集教会、贵族、市民代

---

[1] [美]约翰·麦克里兰:《西方政治思想史》,彭淮栋译,人民出版社2010年版,第161—170页。
[2] [美]约翰·麦克里兰:《西方政治思想史》,彭淮栋译,人民出版社2010年版,第161—165页。
[3] 张云秋:《马西留政治思想初探》,《世界历史》1987年第4期。
[4] [美]约翰·麦克里兰:《西方政治思想史》,彭淮栋译,人民出版社2010年版,第165—170页。

表，召开了第一次"三级会议"。①国王的主张在这次会议中得到代表的积极支持，因此，腓力四世发现，通过代表的同意可以加强王权，尤其可以解决资金问题以及破除旧习俗后新立法，于是在紧急情况下便会召开三级会议。只是到了后来人们才逐渐发现，通过三级会议也能限制王权。从思想意识的角度分析，等级君主制本身就是马西利乌斯代议思想反映到具体实践的一种政治制度。众所周知，等级君主制是国王或皇帝借助等级代表会议实施统治的一种政体形式，国王、贵族和平民共同参政，并在一定程度上分享权力。这种制度体现了代议思想的基本原则，即由社会各阶级选派的代表组成的团体，才能代替社会共同体行使公共权力。这无疑是代议思想最直接、最明确的体现。

综上所言，马西利乌斯认为，法律应当从公民共同体的实际利益出发，只有将立法权赋予人民，每个人都从个人实际利益的角度考虑，才能在社会与自我的平衡中制定出谋取公共利益的法律。当然，受亚里士多德影响，马西利乌斯的理论体系往往是建立在人人崇德向善的国度，假设每个公民都以追求美德为人生要务，统治者也以让人民过上"充足的生活"为己任。但是事实并非尽如人意，他的思想在当时的背景下投入实践仍然面临极大的挑战。从这个意义上讲，马西利乌斯"人民主权论"的理论价值显得尤为重要：倡导让人民或全体公民掌握政治权力，是最合法和理性的方式。国王的权力源于人民权力的转让，人民即使将手中的政治权力授予了国王，但是仍享有控制权和最终所有权，也就是说人民有权力剥夺赋予暴君的政治权力并对他做出惩罚，这就保证人民在本质上享有国家主权。因此，《和平的保卫者》主要论证了政治权力源于公民共同体的合理性，主张获得人民"共

---

① ［美］布莱恩·蒂尔尼、西德尼·佩因特：《西欧中世纪史》，袁传伟译，北京大学出版社2011年版，第365—370页。

同同意"是行使公共权力的基础。同时,书中又用两倍于讨论世俗权力的篇幅分析了精神世界所管辖的范围,认为教皇无权干涉世俗权力,这一部分旨在限制教会对俗权的要求,主张由全体信众或代表组成的宗教大会是教会内部的最高权力机关。虽然马西利乌斯并没有提出一套完整的由人民立法的制度体系,只是将"人民主权论"或"人民立法者"理论停留在思想和理论基础的启蒙阶段,但却将具体的实施和制度建设留给了后人;而且,他的主张对15世纪的宗教"会议至上主义"运动产生了深远影响,并最终影响了宗教改革时期的政治神学观。[1]

第二节　城市共和国中的"主权在民"

一些代议思想家认为,在城市共和国中,代议制的理论基础是"主权在民",这体现了代议思想中"政治权力来源于社会共同体"的本质内涵。萨索菲那多的巴托鲁斯(Bartolus of Sassoferrato)是其中的代表性思想家。

首先要明确的是,巴托鲁斯其实是一个律师,而不是真正意义上的政治哲学家。他一生都在研究、实践和解释法律,其政治思想蕴含于法律著述中。本书在讨论他的政治思想之前,有必要深入了解一下巴托鲁斯的早期经历以及律师生涯。

关于巴托鲁斯的早期经历,据其个人口述可知,他的第一任老师是一位名叫彼得(Peter)的牧师,这位牧师后来在威尼斯建立了一所孤儿院。在十三四岁的少年时期,巴托鲁斯前往佩鲁贾(Perugia)开始学习法律。后来,巴托鲁斯又到博洛尼亚(Bologna),师从于著名的法学家齐诺·达·皮斯托亚(Cino

---

[1] P. Sigmund, "The Influence of Marsilius on Fifteenth-Century Conciliarism", *Journal of the History of Ideas*, Vol. 23, 1962, pp. 393–402.

da Pistoia)，齐诺因为擅长作诗而与但丁和彼特拉克成为莫逆之交。[1] 1334年，巴托鲁斯获博士学位，当时他还未满20岁，可谓头角峥嵘。之后的五年，关于他的去向历史中并没有明确的记载，只知道他到比萨做过评审员。1339年，他开始以教授的身份在比萨大学从事教学和研究工作，直到1343年，巴托鲁斯载誉而归，重新移居佩鲁贾，破例成为佩鲁贾的公民。1355年，巴托鲁斯又代表佩鲁贾担任大使，出使神圣罗马帝国。皇帝查理四世授予他极大的荣誉，将其聘为私人顾问，并授予许多特权，如他的继承人可继承他的法学博士头衔，并且他的私生子可合法化并被授予成人礼（veniaaetatis）。[2] 从巴托鲁斯的教育经历来看，其青年时期在佩鲁贾、博洛尼亚以及比萨的法律研习经历，促使他深入思考了立法权的归属性问题，从而奠定了后来"主权在民"思想的理论基础。从生活经历来看，巴托鲁斯中年时期作为佩鲁贾城市的代表出使皇室，并促成双方形成互惠互利的关系，为他构想代议制度提供了条件。这些思想都反映在《〈法学编纂〉注释》和《论暴政》这两本著作之中。

巴托鲁斯认为，在城市共和国中，人民自治是最重要的一项人民权利，代议制便是实现这一权利的重要途径。他认为，人民自治权来源于习俗。人民不需要上级甚至皇帝的授权就可以制定自己的法律。但是，这一想法并非源于巴托鲁斯，而是帕多瓦的马西利乌斯。后者就公民的整体立法权提出过相关理论。然而，马西利乌斯的人民主权论更多是基于亚里士多德的政治学理论，而巴托鲁斯是基于《民法大全》（Corpus Juris）[3]，这符合他作为

---

[1] R. Hollander, "Dante and Cino da Pistoia." *Dante Studies, With the Annual Report of the Dante Society*, No. 110, 1992, pp. 201–231.

[2] C. N. S. Woolf, *Bartolus of Sassoferrato, His Position in the History of Medieval Political Thought*, Cambridge: Cambridge University Press, 1913, pp. 1–4.

[3] Floriano Jonas Cesar, "Popular Autonomy and Imperial Power in Bartolus of Saxoferrato: An Intrinsic Connection", *Journal of the History of Ideas*, Vol. 65, No. 3, 2004, pp. 369–381.

一名律师的特质。他认为，相对于亚里士多德，《民法大全》作为人民自治权的理论来源更加权威。

受城市民主实践的启发，巴托鲁斯在法律文化的研习和教学中逐渐形成了主权在民的结论。他认为，立法权不可能完全独立于皇帝与帝国而存在，但是，立法权也不应该仅来源于君主权力，它属于所有的政治和非政治社团，即合法的公民。这无疑体现了巴托鲁斯一个重要的政治观点，即城市共和国的主权是以人民的权利为基础的。[①] 巴托鲁斯主张，只要所制定的法律不违反神法、自然法，并且尊重伦理道德以及教会的自由和特权，那么公民便可以根据自己的意愿制定法律，立法权也应当归属于独立的公民。[②]

从代议理论的角度理解，巴托鲁斯的主权在民与马西利乌斯的人民立法者理论，有两点相似之处：第一，二者立论的出发点都是立法权的归属问题；第二，无论是主权在民还是人民立法，都隐含了"政治权力来源于公民共同体"的本质要求以及"涉及众人之事应由众人决断"的原则，这恰恰符合了代议思想的内涵。二人的政治理论构成中世纪代议思想形成和发展中不可缺少的重要部分，对中古英国思想家的代议思想乃至其后的代议实践产生重要影响。

除此之外，巴托鲁斯还探讨了政治权力的来源问题，认为人民通过选举将权力逐层委托于城市统治者。[③] 体现了代议思想的内涵，即政治权力最终源于人民，而非上级。

首先，巴托鲁斯并不主张由人民直接管理或领导政府，而是

[①] 徐大同主编：《西方政治思想史（第二卷）》，天津人民出版社2005年版，第379页。

[②] C. N. S. Woolf, *Bartolus of Sassoferrato, His Position in the History of Medieval Political Thought*, Cambridge: Cambridge University Press, 1913, pp. 160–161.

[③] C. N. S. Woolf, *Bartolus of Sassoferrato, His Position in the History of Medieval Political Thought*, Cambridge: Cambridge University Press, 1913, pp. 179–182.

将权力交付于政府,再由代表代其行使。其重要前提是政府得自民主选举。巴托鲁斯认为,人民可以通过会议的方式推选出他们满意的政府,这个会议应当就是他政治构想中早期的议会雏形,因为它是由人民推选出的代表组成的。巴托鲁斯主张由人民推选代表组成议会,再由议会推选出他们满意的政府,通过协商推举出政府中的市政员、评审员及高级官员,也就是这座城市的统治者。政治权力通过逐层委托的方式由人民让渡到统治者。但是,马格努斯·瑞安(Magnus Ryan)指出:"巴托鲁斯的这个理论值得怀疑,因为如果以人民自治作为论据,认为人民通过选举将权力逐层委托于城市统治者,那么它的优势在于,这成为合法的、正式的管辖权来源,可以为政府辩护。但是,这种理论使我们必须承认,赋予这种权力的让渡以合法地位即意味着我们也要接受暴君和议会。那么,具有讽刺意味的是,如果人民自治理论和人民权力的让渡对任何人都有效,那么它就对每个人都有效,也就是说,巴托鲁斯的理论只能受制于所有善良的、公正的人。"[1] 因此,根据代议民主思想,人民有权将政治权力委托于城市统治者,同样也有权反抗暴政并将统治者的政治权力收回。巴托鲁斯主张人民有权反抗暴政、废除暴君,这与索尔兹伯里的约翰的诛杀暴君理论有代际传承的关系。阿奎那也曾在其政治思想中明确阐述,对暴君的反抗并不是叛乱或暴动。[2] 三者的思想都可以归结为"王权来源于人民权力的转让,但人民仍保留着对它的所有权和终极控制权"。同巴托鲁斯类似,布鲁尼也曾论及城市共和国中的代议思想,在其《佛罗伦萨人的历史》一书中,他认为,城市的统治者应该由与之平等的公民选举产生,按照城市的法律

---

[1] Magnus Ryan, "Bartolus of Sassoferrato and Free Cities", *Transactions of the Royal Historical Society*, Vol. 10, 2000, pp. 65 – 89.

[2] R. W. Carlyle and A. J. Carlyle, *A History of Medieval Political Theory in the West*, 6 vols., New York: Barnes & Noble, Inc., 1903 – 1936, Vol. 5, p. 32.

进行统治，争取政治共同体对立法和其他主要决策的同意。①

其次，关于皇帝与教皇的二元权力的关系，巴托鲁斯认为，皇帝虽然不受自己法律的约束，但却受上帝、自然和国家的高级法律约束。皇帝自己的法律——"帝国公社法"（the Jus Commune et Imperiale）和其他所有人类法都基于更高的法律——神圣法（the Jus Divinum）、自然法（the Jus Naturale）和万民法（the Jus Gentium）。② 即便皇帝认为这些法律是出于"自愿"而绝非"必须"的，也仍应本着"协调与平等"的原则接受这些法律的制约。因为皇帝必须遵守契约，契约是法律上的本源，万民法是不可改变的。

巴托鲁斯认为，当论述帝国与教皇的关系时，最重要的是要意识到《民法大全》③只是基督教书籍的一部分。与马西利乌斯不同的是，巴托鲁斯将教皇和皇帝与人民自治一起引入了管辖权。他对帝国权力的解释，或者说是城市共和国中的国家权力的解释，由《民法大全》转向《圣经》不是要强调公民权利的自治，而是要确立皇帝和罗马教皇司法管辖区的神圣渊源。在中古神学政治思想的影响下所倡导的关于教会和国家的关系，是指教会被国家所吸纳。基督教之所以与帝国相一致，只是因为它反对异教徒的宗教概念，即主张"宗教存在于国家，为国家而存在，并通过国家而存在"④。当基督教成为一个合法的宗教，并最终成为唯一合法的宗教时，帝国对国家在宗教上无所不能的看法几乎

---

① Leonardo Bruni and James Hankins, *History of the Florentine People*, Boston: Harvard University Press, 2010.

② C. N. S. Woolf, *Bartolus of Sassoferrato, His Position in the History of Medieval Political Thought*, Cambridge: Cambridge University Press, 1913, pp. 46–47.

③ 《民法大全》最初被罗马人用于某些领域所有法律的汇编中，后来被中世纪的法学家用于整合查士丁尼一世法典。现在，该术语被用于美国法律的综合汇编，如《美国法大全续编》（*Corpus Juris Secundum*）。

④ C. N. S. Woolf, *Bartolus of Sassoferrato, His Position in the History of Medieval Political Thought*, Cambridge: Cambridge: Cambridge University Press, 1913, p. 54.

没有改变。如果有细微的改变，更多地来自基督教，首先通过要求，再通过辩护者承认帝国内部的构造，然后部分接受帝国主义立场。

帝国与教皇之间应是协调与平等的。中世纪罗马法复兴，皇帝与教皇、世俗权力与精神权力之间的协调与平等关系，成为包括巴托鲁斯在内的诸多律师的典型立场。教皇卜尼法也曾是一位从业40年的律师，尽管他强烈地否认了基督教教会中教皇处理世俗事务权力的平等性和独立性，但是，两种平等和独立权力的理论实际上已成为律师所公认并采取的立场。[①] 这再次证明了律师在中世纪的特殊地位以及法律与政治在中世纪的特殊关系。

除了从法律专业角度出发，巴托鲁斯还借助"领地"概念对二元权力关系进行阐释。他认为，在某些情况下，两个国家不仅被视为不同的司法管辖区，而且还会被视为不同领地的不同司法管辖区。[②] 他将皇帝和教皇视为两个领地，这并不冲突，他对教会法的处理很好地说明了这一点。他阐述道，帝国和教皇的领地概念并不排除两个最高权力的概念，他们有各自的世俗和精神领域。在权力合法化问题上，巴托鲁斯认为二者最高权力的区别在于：就世俗而言，皇帝的最高统治权在这个范围内是合法的，但是如果皇帝干涉超出世俗领域内的事务将被视为不合法，尤其是干涉教会事务；至于教皇的最高统治权，也是同样的道理——凡是涉及世俗范围内的事务，教皇都不应该干涉。皇帝和教皇在各自的范围内享有最高统治权。巴托鲁斯强调的这个范围既包含权力界限的意义，也包含领土的意义，即国家领地和教会领地。[③]

[①] Von Gierke, *Theories of the Middle Age*, Cambridge: Cambridge University Press, 1900, pp. 118 – 119.

[②] C. N. S. Woolf, *Bartolus of Sassoferrato*, *His Position in the History of Medieval Political Thought*, Cambridge: Cambridge University Press, 1913, p. 75.

[③] C. N. S. Woolf, *Bartolus of Sassoferrato*, *His Position in the History of Medieval Political Thought*, Cambridge: Cambridge University Press, 1913, p. 79.

皇帝就世俗领域而言是合法的，教皇就精神领域而言也是合法的。教皇试图将不同领地上的世俗权力合法化，这样处理就很容易打破双方之间的平衡。同样的，巴托鲁斯认为，皇帝也不应该试图将其领土上的精神权力合法化。因此，尽管皇帝在世俗领域上的普遍事物受到这些"管辖权和领土分离"概念（jurisdictiones et territoria distincta）[①] 的限制，将权力仅限于国家领土之内，但是教皇的精神权力以及由此展开的事务可以超越他自己的领土范围而普遍有效。

再次，关于财产所有权，巴托鲁斯阐述，皇帝不能无故剥夺任何人的财产。中世纪经常讨论的一个问题就是，皇帝是否可以毫无理由地拿走一个人对某物的所有权，学者特里加留斯（Jacobus Butrigarius）认为可以。[②] 但是巴托鲁斯对此表示反对，他认为皇帝不能制定包含任何不公正或不平等的法律，因为那将与法律的实质相违背。

需要指出，巴托鲁斯对二元政治权力进行抉择时，他会抛弃两种权力之间的协调与平衡，认为教皇的管辖权可以超越领土范围的限制，即教皇的权力优越于皇帝。从这点，既可看出巴托鲁斯代议思想中的自我矛盾性，又能看出巴托鲁斯等诸多思想家的理论构想往往限于现实而难以实现。

第三节　选举君主制

与世袭君主制不同的是：在世袭制下，政府会自然而然地通过家族继承传承下去；而在选举君主制下，政府由人民选举产

[①] Otto Friedrich von Gierke, *Poritical Theories of the Middle Age* (1990), Cambridge: Cambridge University Press, 1987, p. 154.

[②] Jacobus Butrigarius, *Lectura Super Codice*, Munich: Bayerische Staatsbibliothek, 1516, pp. 55–56.

生。需要注意的是，中古"人民"的概念与现代意义的"人民"不同，中古时期，"广义的人民通常指自由人，狭义的人民通常为贵族或封建主的自称"①。至于选举的方式、候选人资格以及选举人并没有统一的标准，需要具体问题具体分析。

选举君主制背后的代议思想是人民在政治生活中的自由，即"王权来源于人民权力的转让，并且人民仍保留着对它的所有权和终极控制权"②。中古英国的代议思想家中，索尔兹伯里的约翰、奥卡姆以及受到英国代议模式影响的托马斯·阿奎那都曾表达过类似的代议思想。

索尔兹伯里的约翰（John of Salisbury）是12世纪英国乃至整个西欧政治思想史上的翘楚，他的"国家有机体论"以及"诛杀暴君"思想，无论对当时还是之后的中古西欧政治都产生了重大影响。在其国家有机体论中，约翰集中表达了他的选举君主思想。他认为，君主权力来源有三：上帝直接任命，通过上帝间接由教士任命，通过全体人民选举。第三种来源体现了权力来源于人民的代议思想。通过选举，权力"理所当然地聚集在他的手中，所有人民的权力，最终他会寻求并带给每个人和整体的利益；并且整个国家会以最有序的形式存在"③。因而，君主的统治便不可忽视人民的权利，更不可损害其利益，否则便会遭到反抗，甚至被诛杀。另外，奥卡姆在《专制权简论》中主张，人民一定会在必要时行使选择权，因为这属于自然权利的一部分，这项选择权可以是人民选择君主的权利。可见，中世纪学者在对自然权利的思考中，已将选举君主权纳入其中。若说自然权利是宏观的概念，那么选举君主制就是其微观角度下的一种历史实践。

---

① 顾銮斋：《西方宪政史（第一卷）》，人民出版社2013年版，第4页。
② 丛日云、郑红：《论代议制民主思想的起源》，《世界历史》2005年第2期。
③ 赵卓然：《索尔兹伯里的约翰的政治思想研究》，博士学位论文，山东大学，2016年。

第四章 俗权制度设计

与巴托鲁斯相似，托马斯·阿奎那的代议构想与其法律观念密切相关。但他对于社会共同体如何真正行使政治权力或政治权威并没有设计具体可行的制度，仅是表达了选举的代议思想。

首先，他将自然法与政治意义上的法律进行了区分，这里所论述的皆为后者。由于阿奎那主张政治权威来源于公民共同体，因此，政治意义上的法律应当来源于公民共同体的同意。① 中世纪英国文明中"王在法下"的观念在一定程度上限制了王权，国王并不能直接制定或颁布法律。而上述"同意"如何实现则是阿奎那代议思想的内容之一。他主张，法律存在的意义同国家一样，是为了共同的善，而这种共同的善应属于公民共同体或者是心系公民群体并对公民利益负责的代表。② 阿奎那在法律来源的主张中认为，可以由公民共同体的代表来行使公共政治权力，即立法权。

其次，阿奎那提出了"代表"的概念，是其代议思想的集中体现。同时，关于谁来做公民共同体的"代表"，阿奎那进一步阐述为"赋有圣职和心系广大公民群体的基督教徒是公民代表的最佳人选"③，这部分人一方面由国王或君主任命，具有一定学识和能力参与立法；另一方面，阿奎那强调必须关心公民共同体的切身利益，这一点表现了"公民共同体才是政治权力的最终来源"的代议思想。虽然阿奎那特别强调公民团体，但他的主张既受到时代发展的局限，又因为受其本身修士身份的局限，他所提倡的基督教徒的代表并不能完全切实地维护社会各阶层的利益。

再次，阿奎那在防止叛乱与反对暴君的思考中认为，叛乱或暴动会威胁到公民的共同利益，不利于实现共同体最高的善。但

---

① R. W. Carlyle and A. J. Carlyle, *A History of Medieval Political Theory in the West*, 6 vols., New York: Barnes & Noble, Inc., 1903 – 1936, Vol. 5, p. 68.
② R. W. Carlyle and A. J. Carlyle, *A History of Medieval Political Theory in the West*, 6 vols., New York: Barnes & Noble, Inc., 1903 – 1936, Vol. 5, p. 69.
③ R. W. Carlyle and A. J. Carlyle, *A History of Medieval Political Theory in the West*, 6 vols., New York: Barnes & Noble, Inc., 1903 – 1936, Vol. 5, p. 68.

是，受索尔兹伯里的约翰的影响，阿奎那主张公民有反抗暴君的权力。在他看来，对暴君的反抗并不是叛乱或暴动，而是在行使否决权。君主的权力来源于人民权力的转让，但人民仍保留着对它的所有权和终极控制权。暴君往往为了一己私利而失去正义和理性，损害社会共同体的共同利益，这时，公民应当行使其否决权。①

除了这些重要的思想家，从英国法律史发展的角度说，《萨克森明镜》（以下简称《明镜》）作为中世纪法律重要的组成部分，同时也见证了罗马法逐渐被日耳曼习惯法所替代的过程。②日耳曼习惯法中富含的原始民主思想尤其是"同意"或权力得自共同推举的模式，在新形势下发展成代议思想的重要组成部分，英国代议思想承继于此。中古盛期之后，各类法律文件的出台，又进一步影响了中古英国代议的制度实践。

众所周知，日耳曼习惯法由氏族习惯演变而来。13世纪，皇帝（在《明镜》原文中表述为"keiser"③）作为"德意志民族神圣罗马帝国"的政治核心，在名义上是罗马帝国皇帝的继任者，由此区别于同时期其他国家的统治者——国王。《明镜》中有9个条文提及皇帝，涉及国王的条文则多达49个，数量上的优势显露出国王在中世纪德意志国家政治生活中身份的基本状况。

《明镜》第三章中明确指出，国王是由德意志人民根据法律选举产生的。④ 对于皇帝是否由人民选举产生，《明镜》原文中并没有给出确定的答案。原文第三章还指出了国王和皇帝的区别：国王由主教授予圣职，只受当地主教的认可，仅享有本国的统治

---

① R. W. Carlyle and A. J. Carlyle, *A History of Medieval Political Theory in the West*, 6 vols., New York: Barnes & Noble, Inc., 1903 – 1936, Vol. 5, p. 32.
② 高仰光：《〈萨克森明镜〉研究》，北京大学出版社2008年版，第1—3页。
③ M. U. Bergen, *The Sachsenspiegel: a Preliminary Study for a Translation*, Ph. D. Dissertation, Ohio State University, 1966.
④ 高仰光：《〈萨克森明镜〉研究》，北京大学出版社2008年版，第122—124页。

权；而皇帝由教皇授予圣职，因此，一个被教皇认可的统治者，对照教皇在精神世界的绝对权威，在名义上是可以统治整个世俗世界的，自然凌驾于国王之上。但是事实却是，一个皇帝并不会因为涂油礼而享有更多的军事势力，因此，在中世纪封君封臣制的背景下，皇帝或许并不会比国王享有更多的政治权力，仅是拥有更高的政治地位，在很大程度上皇帝的称号可以理解为一个头衔。并且，国王和皇帝之间的政治关系并不是相互排斥的，同一位统治者具有"两重身份"的可能性：既是国王又是皇帝。因此，根据上文中二者之间的区别，从理论分析可知：大多数情况下，一个统治者只有先成为国王，才能有机会受教皇授权，也就是才有称帝的可能性。无论统治者由主教还是由教皇授权，都改变不了"统治者的实力依赖于军事贵族的势力"的事实，统治者的产生都必须经过德意志人民的同意，即国王和皇帝通过选举或间接选举产生。

《明镜》第三章规定，皇帝在正式接受教皇授职之前，必须经过地方贵族的选举产生。这些地方贵族分别是美因茨大主教、特里尔大主教和科隆大主教以及三名世俗贵族莱茵-普法尔茨伯爵、萨克森维滕堡公爵和勃兰登堡伯爵。[1]《明镜》是德意志首个把候选人排列得如此明朗的法律性文献，对此后德意志存续将近400年的选侯制度的确立具有重大意义。1356年的《黄金诏书》规定，德意志国王将由七名选帝侯选举产生，赋予了包含波西米亚国王在内的七位候选人选举罗马人民的国王和神圣罗马帝国皇帝的权力，此时，《明镜》中的六位候选人成为真正意义上的选帝侯。[2]

---

[1] 需要注意的是，波西米亚国王1356年才正式成为七位选帝侯之一。此前选帝侯是六位。

[2] Charles IV, *Golden Bull of* 1356, UK：Gale Ecco, 2018.

《明镜》第四章中关于国王候选人条件的规定，排除了诸如瘸子、麻风病人、被革除教籍的人、非婚生子女或无完全行为能力者等这些一般意义上显然不具备候选人资格的人，还为国王候选人设立了更重要的条件，即必须得到六位候选人的认可。[①] 具体阐述为，被人民推选出的国王，前去罗马加冕时必须由六位候选人陪同并参加典礼，教皇才会认可这次选举是合法的。因此不难看出，国王和皇帝的选举过程基本上是一样的，二者与地方贵族的密切关系毫无二致，都必须由选举产生。教皇的授职只是一个由国王向皇帝转化的仪式。同时，高仰光指出，在《明镜》中，无论是提到了皇帝候选人的第三章还是划分了国王候选人资格的第四章，候选人的排列顺序都毫无变动。这表明，各贵族之间对于选举君主制的重要性也稍有不同，例如，当候选人真正演变为选帝侯时，基于美因茨选侯具有帝国摄政权，当国王人选迟迟无法确定之时，国王的最终人选可以由美因茨选侯决定。

　　在中世纪"国王即国家"的专制语境之下，国王是国家权力的中心，享有国家最高的司法权，中世纪语境下的"司法权"与近现代"司法权"的意义有所不同，在集权专制下，中世纪国王享有的"司法权"意味着国王有权剥夺人们的生命权和财产权，意味着生杀予夺的实际权力。同时，《明镜》原文第三章第33条指出，"在没有国王的地方谈论法律权利是完全没有意义的"[②]，由此可见，国王代表了法律，同时国王也是人们享有法律权利的源泉。然而，国王的权力并非不受限制，国王的权威同样要服从于法官所代表的正义。《明镜》原文第三章第54条指出："国王

[①] 高仰光：《〈萨克森明镜〉研究》，北京大学出版社2008年版，第124页。
[②] 参见高仰光《〈萨克森明镜〉研究》，北京大学出版社2008年版，第125页。

不能被判处死刑，除非法庭已经剥夺了他作为国王的权力。"① 也就是说，即使国王具有豁免权，如果他真的犯了罪，法官可以先剥夺他的国王身份，再根据法律进行制裁，以此延续"王在法下"的政治观念。

尽管如此，历史上选举君主制转变为世袭制的例子屡见不鲜，或者是世袭的家族可以获得一些选择性的优势。可见，中世纪的选举君主制与君主立宪制在民主开放程度上还是有极大区别的。同时，沿着对这个问题的思考，这里值得探究的是，为什么中世纪教会学者提出和思考的是选举君主制，而不是共和制或民主制呢？共和制和民主制不是更能体现财产自由和政治自由吗？笔者认为，答案与不同历史时期的民主开放程度有关。中世纪民主的范围毕竟还没有那么广泛，民主的范围有很大的局限性。近现代的共和制和民主制都已经有议会的存在，并且议会在其中处于很重要的位置，即由议会选举出执政者及重要职位（也就是整个国家的领导机构）。但是在中世纪，人民的范围还仅限于统治者和贵族。既然中世纪人民的范围比近现代的范围小，具有选举权的范围也就比近现代的小。基于此，议员很难产生，议会也没有条件形成。因此，教会学者提出的是"由几个大贵族选举君主"的理念，并没有形成"由全体公民选举议员形成议会"的民主制。笔者认为，中世纪教会学者对选举君主制的思考是代议精神的早期体现，正是诸如中世纪选举君主制等这些个例，为近现代民主制度打下了深厚的基础。

第四节　世界帝国理论

世界帝国理论的概念最早兴起于希腊城邦制度解体之后。当

---

① 参见高仰光《〈萨克森明镜〉研究》，北京大学出版社2008年版，第126页。

时的人们想要建立一个"联合的共同体城邦",在这个共同体中,每个人不仅需要思考自己的生活将如何安排,也要考虑与其他个人的关系。[①] 同时,斯多葛学派和基督教教义为世界帝国的概念提供了必要的思想基础。斯多葛学派将"世界理性"作为世界万物发展变化的核心,而这一理性存在的前提是建立一个世界大同的国家。这是统治整个世界的最高标准,超越了地方法规以及各种风俗习惯,成为连接个人与世界的纽带。基督教则为世界帝国提供了精神上的内在逻辑,来自不同地方、具有相同信仰的信众,他们每个人心中的人性属于同质的东西,同时,通过严格的教阶制度可以确保信众都服从于上帝。

世界帝国理论的宗教色彩最终在文艺复兴的学术浪潮之中受到冲刷。以但丁为代表的人文主义学者倡导去神学化,重世俗性,将"世界帝国"的概念重新解读为世界政体内的自由和正义。政教分离是其基本特征,君权受自上帝,而与教皇无关。这为之后"公共政治权力来源于公民共同体"的推行提供了可能。

但丁·阿利盖利（Dante Alighieri）是佛罗伦萨一个古老家族的后代,这个家族世代属于市民阶级,正是市民阶级的个人素质和财产构成了代议思想产生的社会基础。除了他在幼年时期对碧翠丝的爱之外,历史上关于但丁早年生活的描述寥寥无几。1290年碧翠丝去世后,但丁一度陷入悲痛之中。后来他受蒙于波伊提乌的《哲学的慰藉》和西塞罗的《论友谊》,在哲学研究领域中找到了解脱。从1295年开始,但丁作为医师和药剂师协会的一员,积极参与佛罗伦萨的政治活动,并坚决反对教皇干涉世俗事务。1301年,他又与另外两名特使一道前往罗马,试图阻止卜尼法斯八世（Boniface VIII）号召法国结束佛罗伦萨反教会组织的

---

① R. W. Carlyle and A. J. Carlyle, *A History of Medieval Political Theory in the West*, 6 vols., New York: Barnes & Noble, Inc., 1903–1936, Vol. 5, p. 68.

行动。1302年,他被指控犯贪污罪、冒犯归尔甫派(Guelph party)① 成员,被处以5000弗罗林②的罚款。然而,他被定罪的真正原因是对教皇和佛罗伦萨支持者的强烈批评。但丁拒绝支付罚款,导致财产被没收,他也被迫流放。几年时间里,他一直游历于意大利以寻求庇护,偶尔做一些外交服务。③ 直到1310年卢森堡的亨利七世在意大利的竞选重燃了但丁的希望。为改善国家的政治形势,但丁曾去信指点亨利七世围攻佛罗伦萨的行动。1313年,亨利七世去世,但丁的政治希望随之破灭。

但丁的著述《论世界帝国》与马西利乌斯的《和平的保卫者》命运相似。在巴伐利亚路德维希和约翰二十二世的政治斗争期间,众多讨论国家公共关系的小册子和著述难逃厄运,1329年,这些著作在博洛尼亚被教皇使节贝特朗·杜·波加特(Bertrand du Poujet)主教公开焚烧。大约在同一时间,里米尼的圭多·维尔纳尼(Guido Vernani of Rimini)写了名为《反对君主制》(*De reprobatione monarchiae*)的一本书,对但丁的著述逐一进行反驳。④ 维尔纳尼注意到,但丁公开引用了阿维洛伊主义中关于"合理的智慧"(possible intellect)的观点,坚持阿维洛伊的学说,即处于世界中的每个个体都拥有独立的、合理的智慧。⑤ 这位学者得出的结论可能显得有些草率,毕竟但丁在《炼狱篇》(*Purgatorio*)中明确批评了阿维洛伊主义关于智慧和灵魂的观点。

---

① 归尔甫派是12—15世纪意大利的教皇党派,支持教皇且反对神圣罗马帝国皇帝,与吉柏林派相敌对。

② 弗罗林(florin),为1252年在佛罗伦萨发行的一种金币。

③ Giorgio Petrocchi, *Vita di Dante*, Rome and Bari: Economia Laterza, 1993, p. 103.

④ A. K. Cassell, *The Monarchia Controversy: an Historical Study with Accompanying Translations of Dante Alighieri's Monarchia, Guido Vernani's Refutation of the Monarchia Composed by Dante and Pope John XXII's bull, Si fratrum*, Washington DC: The Catholic University of America Press, 2004, pp. 115 – 118.

⑤ Joshua Parens and Joseph C. Macfarland ed., *Medieval Political Philosophy (A Sourcebook 2nd Edition)*, New York: Cornell University, 2011, p. 377.

不管怎样，在至少两个世纪的时间里，但丁的著述仍以一种迂回的方式发挥了作用。该书被多次翻译为意大利语，其中还包括马尔西里奥·费奇诺（Marsilio Ficino）的译本。《论世界帝国》第一版于1559年宗教改革期间出版，不久之后的1564年再次被列为禁书，直到19世纪才被解禁。1921年，当本尼迪克特十五世在教皇通谕中赞美但丁的作品时，它才得到最终的认可。

在《论世界帝国》中，但丁主张，全人类文明的共同目标是全面地、充分地发展人的智力，使人类在一切知识和艺术方面能够有所创造。要实现这一目标，就要实现世界和平，世界和平是实现全人类目标的基础，而建立"世界帝国"则是实现世界和平的基础。当然，世界和平的愿望与当时意大利支离破碎的政治状况有一定关系。可以说，但丁是一位颇具政治抱负的诗人。在书中，他还探讨了人类与上帝在本质上是相似的、"世界帝国"的设想也符合上帝对天国的统治模式、在处理各种分歧上最高权威存在的必要性以及自由正义等问题，这些问题从多个视角论证了"世界政体最有利于实现统治"[①]的主张。

书中论述，世俗权力直接来自上帝，而非承自教皇。中世纪很长一段时间都认为君权得自教皇的授予，间接来源于上帝。然而，但丁在《论世界帝国》中明确提出，"世俗的君主统治权直接由上帝赐予而非来自罗马教皇"[②]，"尘世的世界帝国的权威无须通过任何媒介直接来自宇宙的权威之源"[③]。在这里，但丁的政治思想有了明显的革新性：君权的来源与教皇无关，换言之，教皇无权干涉世俗生活中国王的统治权，教会应当从世俗生活的范围中驱除出来，国家的统治可以完全摆脱教会。这一主张为代议

---

① ［意］但丁：《论世界帝国》，朱虹译，商务印书馆1985年版，第20页。
② ［意］但丁：《论世界帝国》，朱虹译，商务印书馆1985年版，第57页。
③ ［意］但丁：《论世界帝国》，朱虹译，商务印书馆1985年版，第82页。

制的产生奠定了必要的思想基础,因为只有政教分离,才能让世俗权力从教会领域中摆脱出来,将政治权力关系的重点从国王(或皇帝)与教皇转为国王(或皇帝)与人民,让君权摆脱教皇的束缚。至于君权来源于上帝,则是出于某种精神世界的价值追求,并没有实际政治意义。

综合而言,由于中世纪很多政治词汇还混沌不清,诸如共同体(community)、议会(council)、代议(representation)和宪法(constitution)等,加之对它们的研究也存在很大差异,这些词在不同领域可以分别指代不同的社会和政治实在,直到近现代才开始从法律和政治方向进行独立思考。其实,在中世纪并没有这样明确的划分。[①] 所以,中古思想家在探讨涉及"共同体""议会"或"代议"等代议理论时,往往"你中有我,我中有你"。更为重要的是,这些代议理论通过基督教神学的宣扬和传教,以及思想家的继承、传播、争论和交流,对中古后期的英国代议制度的形成和发展产生了深刻的影响。

[①] [英] J. H. 伯恩斯主编:《剑桥中世纪政治思想史:350年至1450年》,郭正东、溥林、帅倩、郭淑伟译,生活·读书·新知三联书店2009年版,第709—710页。

第五章　实践与调适

第一节　代表制度

一　何谓代表权

在探讨代议制度之前，笔者首先讨论"代表权"一词的政治内涵，这是代表制度得以建立的基础。代表权意即在政治或非政治的团体中，通过民主选举的方式，将政治权利让渡于某个"代表"，由其代为行使政治权利；而自主权和终极控制权仍掌握在人民手中。

首先，政治权利的自主权并未让渡于代表，若代表未履行职责和义务，人民有权收回。当人民选举了代表，代表便可以代表人民参与公共事务，如果在这个过程中违背了人民的意志，便是滥用代表权，人民通过同样的程序可收回对他的信任。权利的让渡并没有使人民失去政治上的自主权，在让渡的同时，保留了判断此人是否具备政治才能或是否值得信任的权利。简言之，代表权来源于人民权利的转让，但是人民仍保留对这种权利的所有权以及终极控制权。

其次，代表的目标不是个人意志，而是集体利益，以确保社会正常运行的公平与正义。从理论上讲，代表制度是达到这个目的的有效方式，它不是用来收集个人的意志，而是提取社会公共理性。公开选举代为行使权利的代表，是代议制推行的重要条件之一。这既是考验个人理性的过程，也是监测社会理性的途径，以防社会陷入不正当的权力泥潭。

再次，人民与代表之间建立的是一种同盟关系，而不是统治或奴役的关系。因为，人的精力有限，不可能事无巨细亲力亲为地参与所有的社会活动。公民与代表之间的"结盟"，以公民的信任为基础。他们会预设代表有能力捍卫他们涉及共同需要和共同利益的公共事务。

代表制度以及代表权概念形成之后，在特定的历史阶段发挥了调解政治权力、维持社会安定的作用，但在新的历史形势下，也经受着后人的诟病。其中的典型代表便是启蒙思想家卢梭。

卢梭对"代表制度""代表权"的批判主要有两点：第一，对于个人而言，唯一合法的权利来自个人意志，是无法被代表的；第二，他主张绝对的个人权利观念，排斥所谓的"代表权"理论。卢梭认为，公民代表不可能在所有场合表达的意见都与公民保持一致。一个公民若被他人代表，相当于把个人权利以及自主权交由他人，这只能说明这个公民在政治上的懒惰以及对公共事务的关心不足。[①] 为了顾及所有人的"个人意志"，卢梭断定，庞大的政府是不合理的，社会应该分为多个小国家，让每个人能够按照自己的意志选择自己认同的法律。

卢梭的观点存在以下几个问题。第一，倘若以个人意志作为合法权利的源泉，现实中必然面临重重困境。意志纯粹是个人的事情，任何人都无法代表他人的意志，也就无法适用于他人的合法权利。倘若合法权利的适用范围仅有自己，他便无法确定当他

---

① ［法］卢梭：《社会契约论》，李平沤译，商务印书馆2011年版，第173—174页。

把这项权利用于他人身上时，是否使他人陷入被迫接受别人意志的境地。他所主张的个人权利过于绝对。①

第二，绝对的个人权利对整个社会具有破坏性，因为个人意志具有不确定性。绝对的个人权利会使每个人处于相对持久的孤立状态，因为人们的意志无法做到完全统一。如果以个人意志作为合法权利的唯一源泉，那么将没有人承担由于意志改变所造成的社会动荡的后果。设想一个最简单的情况，一个人的意志在今天发生了转变，那么昨天的意志原本是合理的法则，而这个法则在今天是否仍具备合法性呢？答案是否定的，因为就连卢梭自己都曾说过"让意志给未来的自己施加锁链是荒唐的"②。

第三，卢梭关于个人权利的承诺是不真诚的，在现实生活中无法实现。他承诺，任何人的个人意志，无论公正与否，都应该得到尊重。他建议将社会分裂成多个小国家的提议并不是正解。法律的制定要经过共同同意，并不等同于任何人都只需遵守他所同意的法律，而应该是，每个人须遵守经过共同同意建立起来的政权所制定的法律。人们对法律正当性的认可是以对合法政权及其立法权的认可为前提的。

简言之，代表权并不是简单地凌驾于权利之上行使公共权力，它必须证明其本身符合理性和正义，也就是说，"代表"须证明其权力行使并不是根据个人意志，而是来源于理性和正义。所以，代表权或代表制度架起了代议民主原则与个人权利之间的桥梁。

二 地方代表的兴起

诺曼王朝时期，英格兰处于王权和贵族议事会的共同统治之

---

① David S. Siroky and Hans-Jorg Sigwart, "Rousseau on Private Property and Inequality", *Polity*, Vol. 46, No. 3, Unity and Division, 2014, pp. 381–406.

② [法]卢梭：《社会契约论》，李平沤译，商务印书馆2011年版，第175页。

下。经过近百年的政治权力发展，至爱德华一世时期，国王认可并重申了宪章中所写就的权利。国家制度随之转变，由教俗两界贵族、来自各郡和自治市的代表组成的议会逐渐代替了贵族议事会，成为能够与国王共同行使公共权力的机构。

在议会逐渐取代贵族议事会的过程中，相较参与国家政治事务的大贵族阶级，那些身处骑士阶层的小贵族开始作为地方代表参与政治活动。骑士阶层是郡代表早期的来源之一，尤其是与国王更为亲近的那部分臣属，更有机会成为郡代表。虽然骑士阶层成为郡代表，起初并没有经过选举的过程，但是他们在地方上的特权相当于委任状。这是因为，首先，不经过骑士的同意，国王不能强征额外的津贴。其次，骑士虽然是小贵族，但是作为国王的臣属，一直以来在处理公共事务时在王宫中拥有一席之地，是王宫中本该存在的政治群体。

然而，在国家发展过程中，不少骑士封地被有权势的大贵族兼并，或者因为种种原因被不断分割，使得骑士数量庞大财产却不断减少。同时，由于统治秩序所限，大贵族与骑士身份不平等，这明显体现在国王对他们的召唤方式上：大贵族通常会被单独召唤；而小贵族，通常由郡长先统一将骑士召集起来，国王以郡为单位召唤他们。这造成了骑士处于相对劣势的地位，无法在贵族议事会时期形成一个强有力的阶层。但是，《大宪章》（Magna Charta）第 14 条仍然规定："凡是涉及公共事务以及征收额外税金或津贴的决策，都需要经过骑士阶级的同意，这是他们应该拥有的权利。"[①] 基于这两方面的重要决策权，在代表制度逐渐兴起之时，骑士自然而然被认为是最有资格代表民众的人选。并且，上文提到大小贵族被召唤时的差异已经存在相当长

---

① ［英］詹姆斯·C. 霍尔特：《大宪章》，毕竞悦、李红海、苗文龙译，附录 6"1215 年《大宪章》原文英译本"，北京大学出版社 2010 年版，第 403—411 页。

的一段时间，正是由于骑士常常以郡为单位出现，奠定了他们成为郡代表的基础。另外，根据两份文件①所示，因为骑士代表了所在封地内的民众，所以国王才得以对全国业主进行征税。② 这就表示，代表权和征税权相辅相成，骑士阶层借助于代表权而被授予同意征税的权利。这样一来，从理论上说，13世纪初期国王所有的直系臣属——无论大小贵族——都获得了出席国民议会的资格，都有参与国家政治事务的权利。

除了郡长或郡法院会直接指派骑士对本郡的事务进行决策之外，《大宪章》中还规定每个郡应该选出12个骑士来考察本郡事务，收集地方上所存在的问题。③ 其实，威廉一世时期，骑士就已经开始负责帮助国王收集古老法律和习俗。在13世纪初期，虽然他们在政治上的影响还没有扩大到全国议会，但是至少可以在郡中发挥作用。通过郡事务的政治历练，骑士间接地对政府产生了影响力，毕竟他们仍保有出席议会的权利，只是时机未到。总之，骑士对郡事务的参与，成为日后作为郡代表召入议会的政治基础。

此外，骑士阶层与不动产的终身保有者、国王的下级臣属始终密切地结合在一起。一直以来，骑士阶层都保证了不动产终身保有者以及其他封建领主在郡法院中占有一席之地。虽然骑士阶层是国王的直系臣属，但是随着土地次封地化的不断增加，不少租佃户通过各个封主接受土地而成为大的不动产终身保有者。他们虽然是国王的下级臣属，却比某些骑士阶层拥有更大的势力和更雄厚的财力。不论他们与国王处于何种关系，以郡法院

---

① 这两份文件的标注日期分别为1208年2月17日（约翰统治期间）、1237年7月12日（亨利三世统治期间）。
② ［法］弗朗索瓦·基佐：《欧洲代议制政府的历史起源》，张清津、袁淑娟译，复旦大学出版社2016年版，第315页。
③ ［英］詹姆斯·C. 霍尔特：《大宪章》，毕竞悦、李红海、苗文龙译，附录6"1215年《大宪章》原文英译本"，北京大学出版社2010年版，第403—411页。

为中心，他们都行使相同的权利，履行相同的义务，俨然形成地方上关于古老议会的一种结构分解。因此，在郡代表参与国家政治的过程中，骑士阶层与不动产终身保有者、国王下级臣属联合在一起，为新的政治秩序——郡代表进入议会——的形成提供了条件。

骑士第一次被选为会议代表，是在1214年约翰王与北方贵族的武装对峙期间。国王要求郡长为会议准备一定数量的武装骑士，同时发文书邀请每个郡挑选出四位杰出的骑士参与会议，共同讨论国家事务。当然，约翰王的目的是借助各郡骑士的实力抗衡大贵族。在客观上，却促成骑士作为郡代表出席会议，发展出中古英国政治秩序上的新趋势。然而，约翰王的目的并没有达到，因为大贵族在宪章中主张维护公共利益，这其中也包含骑士的利益。斗争中，国王和大贵族都试图将骑士阶层争取到自己这一方。而郡代表在国王与贵族的夹缝中常常犹豫难决，导致骑士阶层在与大贵族结盟多年之后渐渐疏离，反而成为国王的盟友。无论骑士阶层偏向哪一方，从郡代表进入议会的事实中可以看出，从此，除了国王和贵族，又出现了第三股势力，它的影响力逐渐强大，它与哪一方结盟，哪一方的胜算便更大。[①]

关于郡代表出席议会的具体情况，本书可从编年史以及会议文书的记载中获悉。在没有文件记录的情况下，相关的编年史记载了许多地方代表参与议会的事实。例如在威斯敏斯特教堂宣誓效忠爱德华一世的会议中，郡和城镇代表便被召集参加议会，每个郡派四名骑士、每个城镇派四个代表。同样，1275年4月25日召开的会议所颁布的法令序言中也曾述："这些法令是经过大主教、主教、男修道院院长、小隐修道院院长、贵族及全国人民

---

① ［法］弗朗索瓦·基佐：《欧洲代议制政府的历史起源》，张清津、袁淑娟译，复旦大学出版社2016年版，第318—321页。

同意，由国王爱德华参照其议事会的建议颁布的。"① 其中，"经全国人民同意"说明郡和城镇代表已经被议会所接纳。

另外，一些会议文书也记载了郡和城镇代表出席议会的事实。例如，1283 年召开的两次会议主要讨论征讨威尔士及征收特殊津贴等问题，其中明确要求每个郡收入超过 20 英镑的不动产终身保有者参加，并且每个郡、自治市和城镇中需要选举四位骑士或市民代表参加议会。会议文件的类型，除了发给 111 个伯爵或贵族个人的召集令，还有专门发给 21 个城镇和自治市长官以及命令郡长选派四位骑士和代表的相关文件，说明这些会议都有郡和自治市代表参加。②

1295 年的模范议会的代表来源更具普遍性，不仅包含了郡和自治市的代表，还包含了教会下级教士的代表。会议向 49 个伯爵和贵族以及将近 120 个自治市下发召集文件，要求每个郡选出两名骑士，每个自治市选出两名市民代表参加议会；在向主教下发的文书中，明确要求选出适当数目能够代表全体神职人员的代表。这次议会还将代表分为俗世代表和神职人员两个机构单独运转，两院分别在不同的会议地点，投票方式也有所不同。因此，这次会议在议员构成和投票方式上都具有开创性。最终，这次会议决定，贵族和地方代表需将可移动财产的七分之一上缴给国王，教士经过长期辩论只缴纳十分之一。③ 1296 年 8 月召开的议会，郡和自治市代表仍然出席。经过这次会议，贵族将移动财产的缴纳数目调整到了十二分之一，而市民仅调整到了八分之一。1297 年在索尔兹伯里召开的议会，城镇和各郡转让给爱德华国王

---

① [法] 弗朗索瓦·基佐：《欧洲代议制政府的历史起源》，张清津、袁淑娟译，复旦大学出版社 2016 年版，第 330 页。

② William Stubbs, *The Constitutional History of England*, Oxford: Clarendon Press, 1929, pp. 115-118.

③ Maurice Powicke, *Medieval England*, 1066-1485, London: Oxford University Press, 1969, pp. 96-97.

的特殊津贴的相关记录，可以作为地方代表连续出席议会的间接证据。① 至此，我们可以看出，凡是有关税收、津贴等涉及人民切身利益的问题，必须经过共同同意，国王才有权征收。这体现了代议民主思想中"涉及众人之事应由众人决断"的原则，征收税金、特殊津贴可以视为地方代表进入议会的一种契机。是年，诺福克和赫勒福德郡的伯爵就确认宪章的问题与国王进行了争辩，国王在对宪章中所维护的公共权利和制度予以承认的同时，邀请郡和自治市代表参加议会。此时，地方代表参加议会不再是一件随性、任意的事情，郡和自治市代表出席也不再仅是因为国王需要征收特殊津贴。

前文从政治制度的角度分析了地方代表进入议会的过程。事实上，从13世纪开始，伴随着生产力的提高，工商业逐渐改变了农业经济的绝对统治地位，商品经济的蓬勃发展势必对政治生活有一定影响，形成"未征得公民共同体同意的前提下不能征税"的原则。中小贵族和市民阶级作为国家征收税款的主要对象，他们的意见也成为国家行使征税权时必须考虑的因素。议会机构逐渐从大贵族垄断过渡到由社会各等级派出的代表组成，根据代议思想的原则，由社会共同体的代表组成的机构才能够行使公共权力，尤其是立法权和征税权，地方代表由此兴起。

在农村，以纺织为主体的家庭手工业初具规模，英国西南部还出现了冶铁业。同时，商品经济的发展使得封建体系开始出现变化，生产力的提高使得社会分工更加明确，城市人口不断扩大，同时还出现了许多新兴城市。这些城市往往从国王那里购买了自治权，成为国王的直接领地。② 由于商品经济的出现，社会

---

① Maurice Powicke, *Medieval England*, 1066 – 1485, London: Oxford University Press, 1969, pp. 96 – 97.

② P. Spufford, *Origin of the English Parliament*, London: Oxford University Press, 1967, p. 67.

财富在某种程度上重新分配，中小贵族和市民阶层越来越富裕。因此，国王的主要税收由封臣负担的封建税变成了由中小贵族和市民负担的国税。尽管国王征税需征得他们的同意，但是，起初，御前会议作为全国最高法庭，大贵族作为代表管理相关税务，这些大贵族的决定或命令对中小贵族和市民阶层有很大制约力。国王与大贵族之间也存在矛盾，封君法庭的过于强大限制了封建贵族的司法审判权，损害了大贵族在司法权中的经济利益，如诉讼费和罚金。因此，国王的征税要求并不是每次都能通过，而是不时受到他们的阻碍和否定。并且，地方代表在早前的司法事务已发挥作用，一方面，当地方法庭将无法审理的案件上诉到国王封君法庭时，地方会选派4名中小贵族代表参加王室法庭；另一方面，一些城市因为已经获得自治权所以不受地方法庭的统辖，遇到法律纠纷会直接上诉到封君法庭，城市也会选派12名代表跟随听证和接受审判决议。[1] 这为中小贵族和市民代表成为征税"协商"的对象奠定了基础。久而久之，国王偶尔召集中小贵族或市民代表到宫廷，以这样的形式单独讨论相关赋税问题或直接索要税款，有时会派代理人与中小贵族和市民代表协商。总之，大贵族不能再代表中小贵族和市民阶层。

中小贵族和市民阶层通过国王征税登上了政治舞台，地方代表逐渐成为议会的必要成员。哈里斯在《1369年以前中世纪英国的国王、议会和国税》中提到，在1311—1322年期间共召开的11次有地方代表出席的议会中，有8次并未讨论有关征税的要求。[2] 这表明，地方代表列席议会，参与议政的范围更广，不再仅仅局限于征税问题，凡是涉及中小贵族和市民阶层利益的问题，地方代表

---

[1] P. Spufford, *Origin of the English Parliament*, London: Oxford University Press, 1967, p. 189.

[2] G. L. Harriss, *King, Parliament and Public Finance in Medieval England to* 1369, London: Oxford University Press, 1975, p. 16.

都可以参与决议。地方代表产生的方式，通常是由郡长收到议会召集令后提名，再经地方会议讨论通过，或者直接由郡长担任。在中世纪晚期，由于议会还没有程序化和制度化，地方代表在议会的话语权仍然缺乏保障，再加上代表与会的费用由地方承担，所以尽管已经有城市代表争取议会出席权，但是人们对于参与议会的态度并不积极，这为近现代议会制度的进一步完善留下了空间。

第二节 "西门国会"和"模范议会"

威廉·斯塔布斯在《英国宪政史》中把1265年的"西门国会"和1295年的"模范议会"作为议会起源的两个重要标志。[1] 这一观点被史学界普遍接受。结合本书研究主题，具体而言，并不是这两次会议的出现促使代议思想的产生，而是代议思想在中世纪后期的发展成熟促成了两次议会的出现。

从思想意识的角度分析，这两次会议并不适合作为议会的起源。除此之外，从实际意义上剖析，它们也不适合作为议会的起源，原因有三。首先，这两次会议召开之前或之后都有类似的会议召开，进一步说，并不是在这两次会议中突然出现中小贵族和市民阶级代表，它们并无特殊之处。其次，直到1295年"模范议会"后，中小贵族和市民阶级代表也并没有成为议会的必要成员。据统计，19次议会中有6次没有地方代表出席。[2] 最后，1295年以后的议会，国王召集地方代表与会，目的大多仍在商讨征税事宜，并没有赋予他们其他的政治议决权。[3] 从这三个原因可以

---

[1] William Stubbs, *The Constitutional History of England*, Oxford: Clarendon Press, 1926, p. 51.

[2] E. B. Fryde and E. Miller, *Historical Studies of the English Parliament*, 2 Vols, Cambridge: Cambridge University Press, 1970, p. 63.

[3] 沈汉、刘新成：《英国议会政治史》，南京大学出版社1991年版，第41—42页。

看出，在中世纪背景下，早期议会的关键点在于中小贵族和市民阶级代表在会议中的地位，"西门国会"和"模范议会"并没有保障地方代表出席的必要性，更没有让他们的话语权有本质性的改变，这些中下阶层代表仍处于尝试参与的阶段，新的君民关系并没有确定。但不可否认，这两次会议的召开在中世纪议会政治发展进程中的确起到了重要的推动作用，可看作中世纪代议思想的早期实践，为之后议会的发展与调适提供条件。

关于议会起源问题，近年来有些学者主张用"过程论"代替之前的"起点论"。[1] 也就是说，议会并不是在某年某月被某人创立的，而是在一定的历史时期，由于继承一定的历史传统和政治习惯，加上特定的历史机遇而形成的。"西门国会"便是如此。

借助《牛津条例》的有关规定，西门·德·蒙特福特（Simon de Montfort）声称，他的权力得到了15人委员会的批准，能够以国王之名实施统治。这个委员会的成立即得益于《牛津条例》，这份文件是继《大宪章》之后的另一部重要的政治法律文件，是以西门为首的大贵族同亨利三世达成的协议。它规定以大贵族为核心，选举15人成立委员会参与国家内政，国王对国家的统治必须以委员会的意见为主导，政府高级官员和地方官员直接对委员会负责，并确定了议会每年召开的具体时间。尽管西门自己不是君主，但是他对政府形成了有效的政治控制，这在英国历史上十分罕见。[2] 其实西门于1264年6月已经成功地在伦敦召开一届议会，以确定新的英格兰宪法。每个郡召集4名骑士，并允许他们就国家的一般事务提出建议。然而，这时西门还未巩固好刚刚取得的胜利，亨利三世的儿子爱德华已经在法国制定了入侵

---

[1] 阎照祥：《英国政治制度史》，人民出版社2012年版，第52页。
[2] David Carpenter, *The Struggle for Mastery: The Penguin History of Britain 1066–1284*, London: Penguin, 2004, pp. 24–25.

英格兰的计划。为了得到更广泛的支持，西门于 1265 年 1 月 20 日召集了一个新会议并一直持续到 3 月中旬。这次会议召集得十分紧急，12 月 14 日发出的召集令没有给与会者过多回应的时间。[①] 与会人员不仅包括每个郡的贵族、高级教士和两名骑士，还包括来自各个主要城镇的两名市民代表，比如约克、林肯和桑威奇。由于这次会议并不是由国王召集的，不少贵族认为它是不合法的，仍对西门的政权持观望态度。所以西门缺乏来自贵族阶级的支持，仅有 23 个贵族与会。相比之下，与会的神职人员达 120 人，这些人在很大程度上支持新政府。西门试图通过此次会议获得地方支持，这是他的一种主观战略，却在客观上形成了议会的民主主义倾向。杰弗里·汉密尔顿将其描述为"一个具有近现代党派意义上的集会，而不是某种原始民主的代表机构"[②]。中小贵族和市民代表再次被允许就更广泛的政治问题发表评论，而不仅仅是通常的征税问题。同时，会议的工作重点是执行威斯敏斯特的规定，特别是对主要贵族的限制，并向那些受到不公正待遇的封建贵族统治的人提供司法帮助。

如前述，尽管将"西门国会"称为议会起点已不太妥当，但是仍不可否认西门创造了"下议院"或者为"下议院"的形成创造了机会，对英国议会政治的发展产生了重要影响，可谓中世纪代议民主思想的早期实践。英国学者大卫·卡彭特（David Carpenter）便将 1265 年"西门国会"描述为中世纪议会发展的里程碑。[③] 此后，亨利三世统治期间，国王继续召集议会，基本包括郡骑士以及城镇市民代表。及至爱德华一世继位，召集中小贵族

---

① J. H. Denton, *The English Parliament in the Middle Ages*, Manchester: Manchester University Press, 1981, pp. 1 – 28.
② Jeffrey Hamilton, *The Plantagenets: History of a Dynasty*, London: Continuum, 2010, pp. 21 – 23.
③ David Carpenter, *The Reign of Henry III*, London: Hambledon Press, 1996, p. 32.

和市民代表参加议会已成为常态。至 14 世纪早期，骑士和市民代表已成为议会的必要成员，最终形成"下议院"。

爱德华一世虽平息了西门叛乱，但却认可西门开创的议会模式并继承下来，成为中古英国代议思想早期实践的又一典范。1295 年 11 月 13 日，国王爱德华一世召开的议会被英国宪政史家弗雷德里克·威廉·梅特兰（Frederic William Maitland）称为"模范议会"。[①] 这次议会包括神职人员和贵族，以及来自各郡和城市分别推选的两名骑士和市民代表。在召集令中，爱德华宣布："所有的事情都应该先得到批准，而且更应该明确的是，共同的危险应该通过共同商定的措施来解决。"[②] 不难看出，这反映了代议思想中的"共同同意"原则。作为统治者，爱德华一世表达了公共权力的使用应先得到社会共同体批准的意愿，开始明确体现"涉及众人之事应有众人决断"的代议思想。其实在当时，议会的立法权很有限，其主要作用是替国王征税。爱德华召集议会的首要目的是为战争筹集资金，以应对即将到来的对法国和苏格兰的战役，以及在威尔士镇压叛乱，也就是召集令中所谓的"共同的危险"。历史的复杂性往往捉摸不定，现实往往无法按照预想的目标去发展。爱德华一世为战争征税的主观愿望，却在客观上衍生出议会的一个新功能：与会代表表达对国王的不满。当选的议员急于通过讨论对国王的不满以限制王权。在初期，人们会通过与国王讨价还价达到限制的目的，例如，如果国王合理地解决某些冤情，代表才会同意兑现国王所需的某些资金。正是在这样的过程中，议员广泛参与的意识不断增强，即使这一切仍处于萌芽阶段。

[①] Michael L. Nash, "Crown, Woolsack and Mace: The Model Parliament of 1295", *Contemporary Review*, Vol. 267, No. 95, 1995, pp. 237–242.

[②] "Edward I", *Encyclopedia Britannica*, 1911.

在当时，两院制还没有真正形成，"模范议会"虽说是一院制，却召集了 49 位大贵族以及 292 名中小贵族和市民代表，可谓开创了一个先例，即每位男爵的继承者在 1295 年的议会中获得了一份令状，"拥有获得议会召集令的合法权利"。然而，直到 1387 年，这种严格的世袭权利才被正式承认。

第三节 早期实践

一 盎格鲁－诺曼制度

所谓盎格鲁－诺曼制度，是指从 11 世纪到 12 世纪末这一时期的英国制度。诺曼征服后，英国开始进入代议民主思想的早期实践。相比其他国家，英国民主自由的制度为何能够率先得到建立和发展？诺曼人的介入对英国代议制政府的建立有何影响？基佐曾表示，制度的产生更多地取决于周围的环境，法律文本对于制度的建立最多只是起到辅助作用。[1] 因此，这些问题应该在英国的历史事实中寻找答案。

在诺曼人入侵之前，盎格鲁－撒克逊人在不列颠岛已定居了 600 年。诺曼人入侵后，二者建立了自己的文明以及稳定的政治制度。加之，他们有类似的风俗和习惯法，因此二者的政治制度在本质上也很容易接纳彼此。在英格兰，共同协商的风俗习惯从日耳曼部落时代一直延续至此。另外，二者具有相同的信仰，一方不必改变另一方的宗教。征服后，原来盎格鲁－撒克逊的教士大部分都未加入国王的顾问团，而是投奔了有地产的贵族以获得一席之地。这就使得英国神职人员的政治地位下降，宗教在英国

---

[1] ［法］弗朗索瓦·基佐：《欧洲代议制政府的历史起源》，张清津、袁淑娟译，复旦大学出版社 2016 年版，第 255 页。

对于国家政治的影响远不及欧洲大陆。

诺曼征服之前，封建制度就已经在诺曼底基本成型，因此许多英格兰人都以为英格兰代议制政府的政治自由来源于撒克逊人，撒克逊人的制度才是自由的雏形。封建制度之下怎么可能会产生自由？但是，英格兰自由的源头并非单纯来源于诺曼人或撒克逊人，而是两种文化以及两种制度相互妥协和融合产生的结果。所以，基佐认为自由之元素产生于撒克逊人的说法并不准确。[①] 正是诺曼人的征服激发了撒克逊人自由的灵感，政治自由是两种文化和两种法律之间有效同化的形势所致。

这里以诺曼人接受撒克逊人的郡法庭制度为例，具体解析二者之间相互妥协和融合的过程。欧洲大陆的封建制度发展迅速，大贵族阶级的地位不断提高，但是这些大地主或大乡绅所形成的强有力的个人势力，直接威胁到国王的权力，引起国家主权的混乱。在不列颠岛情况也是一样。例如，在忏悔者爱德华时期，高德温伯爵、西华（Siward）、诺森伯兰公爵、列弗瑞克（Leofric）、莫西亚公爵等，与其说是国王的臣属，不如说是国王的对手。[②] 王权的衰微使得国家主权随时面临分裂的危险。然而，封建制度在英格兰逐渐形成的过程中被诺曼征服打断。诺曼人在征服不列颠岛之前，已经在诺曼底建立起相对完善的封建制度，封君封臣关系、贵族大会、领主的司法权以及君主的最高法院，这些都已成形。其中，领主的司法权源于从国家主权中瓜分的、在自己封地上的统治权。从这里可以看出，在欧洲大陆，司法权归领主所有已是常态。但是，在英格兰，很多地方制度以共同协商为基础，即以民主自由原则为基础，直接表现为地方上的分区法院和

---

① ［法］弗朗索瓦·基佐：《欧洲代议制政府的历史起源》，张清津、袁淑娟译，复旦大学出版社 2016 年版，第 257 页。
② ［法］弗朗索瓦·基佐：《欧洲代议制政府的历史起源》，张清津、袁淑娟译，复旦大学出版社 2016 年版，第 260 页。

郡法院，司法权归郡法院所有。因此，为了与撒克逊制度相互融合，诺曼人接受了撒克逊人的郡法庭制度。在诺曼征服后，领主和大贵族阶级的封建势力在撒克逊人中既没有扎根也没有进展，他们的势力一方面受分区法院和郡法院共同协商原则的制约，另一方面开始受国王权力的制约。

在撒克逊人和诺曼人相互融合所形成的早期政治制度中，已经开始孕育代议制政府的原则，逐渐产生了盎格鲁－诺曼人的早期议会，对于本书探索代议民主制度的本源具有重要意义。基佐认为，对于这个时期政府运用于社会的权力分类，诸如立法权、行政权、司法权和治理权力等，已经有简单的划分。[1] 其中，行政权是指对日常社会事务的监督和管理，包括发动战争、征收税赋、官员调动等事项。治理权力区别于行政权的特点在于，它是对不可预见的具体事务进行管理的特殊权力，基佐对于这种特殊权力的总结，在很大程度上是因为当时的法律体系尚未健全，时常发生事件本身超出普通法律所规定的范围的情况，因此需要地方行政长官或当地的大封建主按照实际情况处理。这种治理权力之所以由大封建主或地方行政长官负责，是因为在诺曼征服前，王权式微，大封建主在自己的封地上行使从国王那里瓜分到的地方统治权已成趋势。因此，不仅是治理权力，那些与法院判决、军队、征税等有关的司法权和行政权，几乎也掌握在地方行政长官和大封建主的手中。在集权趋势较弱的社会状态中，除了王权以外，中央的存在对于地方来说不但是模糊的，而且并没有某些准则或是长期不变的规则使中央政权有所保障。然而，那些所谓的与中央制度有关的政治行为的作用并不大，因为在自己封地上势力强大的贵族对于这些政治习惯的兴趣甚微。相反，中央政

---

[1] ［法］弗朗索瓦·基佐：《欧洲代议制政府的历史起源》，张清津、袁淑娟译，复旦大学出版社2016年版，第249页。

权的存在还会损害他们在地方上的司法权和行政权，所以大封建主对于中央政权都会尽可能地防范和控制。可见，在英格兰，在各种权力分派的过程中，中央和地方基本处于一种混乱和不明确的状态，因此地方性的政治权力始终存在，基佐认为，连中央政府的权力也是逐渐从它们之中建立起来的。① 这样的陈述及其影响都很耐人寻味。首先，地方政权在不断发展的过程中彼此之间的限制和相互调适越来越多，需要一个来自中央的权力加以平衡，即国王和议会。同时，因为中央政府是在地方政权的自我调理中逐渐建立起来的，那么"中央政府的统治权应该受到约束"。中央集权弱小或许是民主自由制度在英格兰得以建立的主要原因之一。

诺曼人在英格兰统治的早期，就已经出现了与议会相似的组织，其存在既从撒克逊人的平民议会中吸取了精华，又可以说从诺曼人的贵族大会吸收了养分。从各种宪章与著作中可以发现，这种国王大议事会有不同的名称，如"氏族大会"（Curia de more）、"君主会议"（Curia regis）、"集会"（Concilium）、"大会"（Magnum Concilium）、"社区会议"（Commune Concilium）、"宫廷会议"（Concilium regni）。② 这些诺曼统治早期议事会的多种形式，被有的学者看作对后期议会较为隐晦的表示，正是这些不同种类的形式孕育了议会的雏形，黑尔（Hale）就认为它是一个和英格兰所建立的议会一样完全和真实的议会。但是，卡特（Carte）和布雷迪（Brady）却认为它们只是国王的最高法庭或顾问机构，甚至，诸如氏族大会，只是一场盛大的集会。③ 事实上，从这些

---

① ［法］弗朗索瓦·基佐：《欧洲代议制政府的历史起源》，张清津、袁淑娟译，复旦大学出版社2016年版，第269页。
② ［法］弗朗索瓦·基佐：《欧洲代议制政府的历史起源》，张清津、袁淑娟译，复旦大学出版社2016年版，第271页。
③ ［法］弗朗索瓦·基佐：《欧洲代议制政府的历史起源》，张清津、袁淑娟译，复旦大学出版社2016年版，第271页。

议事会不同的名称也能领会到它们在形式和内涵上的区别。首先，根据日耳曼人的习俗，每年在复活节、圣灵降临周和圣诞节都要举行氏族大会，《盎格鲁－撒克逊编年史》中也有"一年之中，国王有三次不戴王冠"①的记载。氏族大会总是伴随着节日，以庆祝为主。国王参加氏族大会不戴王冠，意味着国王处于议事会之中而不是凌驾于议事会之上，也表明之后英格兰国王的权力始终受到议会限制。其次，君主会议类似于前文所提到的"集会"，这种会议也是一种私人机构或君主最高法庭，主要由国王在政府中钦点的部分人参加。实际上，君主会议是指在国王居住的宫廷召开的、由全国贵族共同参与的一种议事会，是一种全体性的集会。这一点从国王召开会议时所用的语言和称谓就可以证实：威廉一世在召集诺福克（Norfolk）和赫勒福德（Hereford）的公爵等参加君主会议时说，"将所有贵族召集到王宫开会"；威廉·鲁弗斯在其统治期间将所召开的国王最高法庭称为"全国的贵族同盟"（ferme totius regni nobilitas totius regni adunatio）；亨利二世在统治期间将有权处理公共事务的全体大会称为"君主会议"，在柏孟塞（Bermondsey）召集的城市议会主要讨论国家形势和恢复和平（curn principibus suis de statu regni et pace reformanda tractans）；《克拉伦登宪章》（Constitutions of Clarendon）规定，国王所有的直系亲属都必须到君主最高法庭中去充当法官（interesse judiciis curiae regis）。② 至于参会成员的权力与职责尚未明确，这些贵族如何参与到国家事务的讨论中、他们所参与或影响的程度等这些具体事项似乎在当时无关大局，重要的是国王需要这样一种讨论形式，因此贵族被要求担负起自己在政府事务中的那份

---

① 《盎格鲁－撒克逊编年史》，寿纪瑜译，商务印书馆2004年版，第205页。
② ［法］弗朗索瓦·基佐：《欧洲代议制政府的历史起源》，张清津、袁淑娟译，复旦大学出版社2016年版，第273—276页。

义务，但是任何人都没有被规定明确的责任，会议的结果是根据具体事件和实际需要来决定的。国王需要听取议事会意见的真实情况，往往是当国王感到对于某一问题或某个地位重要的人的处置方式需要采用他人意见才能避免被申诉时，或国王认为某些棘手的事务如果没有议会的辅助自己不足以应对时，才需要贵族出席议事会共同商讨。同时，国王的议事会中出现最频繁的就是"贵族"二字。贵族何以称之为"贵族"？他们与国王臣属的区别和参会与否有极大关系。虽然没有一个具体的规则来区分贵族与臣属，但是臣属阶级中那些势力强大到让国王感到有必要将其召集参会的人，他们有更多的财富、更高的地位以及足够的实力与国王并肩处理国事，便可以称之为"贵族"。早期议会的力量还比较弱小，除了没有制度保障，性质也不稳定，所能产生的影响十分有限。同时期诺曼国王的权力比较集中，与其他时期的大贵族相比，无论是在权力还是财富上，这个时期国王的力量更有优势。

值得注意的是，这一时期盎格鲁-诺曼人的国王权力集中，不论是在势力还是地位上都处于十分优越的位置。这一点可以从当时他的处境和财力分析得出。首先，在土地拥有量上，诺曼国王占有众多领地，仅庄园就达1462处[1]，同时还占有许多国内军事重镇和经济重镇。除此之外，国王的领地数量还在不断增长，因封建主的继承人空缺或继承人不合法等，国王可以通过没收他们的土地或进行收租，从而保障收入来源，从而拥有一支带有薪酬的军队。而且，耕种者可以通过缴纳租金无限期地使用土地，也就形成了后期不动产终身保有者的阶层，即分区法院和郡法院的主要参与者。这一规则成为两个阶层稳定的基础。同时，在自己的领地内，国王还可以任意调节税金、关税、罪犯的赎金与罚

---

[1] ［法］弗朗索瓦·基佐：《欧洲代议制政府的历史起源》，张清津、袁淑娟译，复旦大学出版社2016年版，第272页。

金。国王的经济状况有所保障，还体现在他的直系臣属所应担负的义务上，例如在某些必要条件下需提供经济援助——将被俘虏的国王赎回、将他的长子武装成骑士或负责他长女的嫁妆。① 并且，国王在贵族的封地继承问题上也占有很大优势：封地继承人必须向国王支付献纳金（relief）或贡金（fine）才能被承认合法性；如果继承人未成年，那么他的监护权将归国王所有，国王将享有土地收益直至继承人成年；他们的婚姻还受到国王的控制，不得到国王的准允不得随意联姻。

在军事力量上，国王的直系臣属有义务在国王需要时服40天兵役。由此，也出现了免于服兵役的税项——盾牌钱。国王将自己定义为国家的兵役代理人，征收免除兵役税，还有随意调节这种税收数额的权力，甚至有时当臣属愿意提供兵役服务时，国王仍强征这种税赋。除了盾牌钱，国王在军事防备上还征收另外一种税，即丹麦金，主要是为戒备丹麦人的进攻而征收的税，征收对象为英格兰范围内的全部土地。② 由此可见国王从领地所获得的收益使他的经济来源一直有所保障。

在司法权力上，从征服者威廉到亨利二世，诺曼国王对司法权的掌控基本达到了巅峰。国王大法院分为税务法庭和皇家法院，税务法庭最初只负责审理有关国王收入、郡长收入等涉及经营账目的案件，是一个十分专业的会议。但是因为参会成员都是由国王亲自挑选出来的贵族，再加上税务法庭召开频繁，于是逐渐替代了规模较大的君主会议。毕竟，召开一次规模较大的集会费时费力，效率也并不一定比税务法庭高。在这一时期，皇家法院在司法系统的影响远超分区法院、郡法院以及贵族法院，不仅

---

① ［英］J. H. 伯恩斯主编：《剑桥中世纪政治思想史：350年至1450年》，郭正东、溥林、帅倩、郭淑伟译，生活·读书·新知三联书店2009年版，第306页。
② 钱乘旦、许洁明：《英国通史》，上海社会科学院出版社2015年版，第46—47页。

是因为它在级别上更高，还因为皇家法院在1164年颁布了《法院诏书》(*Writs of Chancery*)，这部诏书的规定使人们具有了不用必须经过下一级法院就可以直接上诉至皇家法院的权利。[①] 亨利一世时期，国王还派遣巡回法官到郡法院，以保证司法系统上下的审理方式保持一致，即都按照国王税务法庭的方式。这样一来，国王大法院的权力就延伸到了分区法院和郡法院，对下一级公共事务的干涉相当频繁。而作为郡法院主要成员的土地终身保有者，因为他们大多为王室土地的领有者，对国王这种专制统治基本无计可施。面对财力、权力如此强大的国王，一个尚未步入正轨的议会是很难制约的。

综上所述，诺曼王朝初期，代议制度尚未成熟和完善。一方面，从国民议会的角度来看，在这个时期它还属于对国家事务无章法地干预的阶段，无论是宣战、和平、教会内部事务、司法审理和诉讼（尤其是重大案件），还是贵族领地问题、政府的任期和运转以及高级行政官员的任命等，无一不在其职责范围之内。换句话说，议会职责的范围还很模糊，没有什么事务是它不能介入的。在这个时期，国民议会对公共事务的干预尽管频繁，但是并没有任何法律或制度规定它究竟应该拥有何种特殊权力，一切都根据实际情况来定。另一方面，从国王权力的角度来看，他可以肆意地征税或调整税额、整合军队、没收贵族的领地或对重要人物处罚和流放，这些行为都表明，在这个时期国王的统治权不受限制。由此便出现了这样一种现象：当议会干涉国家事务时，国王并没有认为这是对他统治权的侵犯；当国王独断、专制地行使统治权时，议会也并没有阻挠。这说明，王权与议会还没有各自的界限，这时的议会还不能起到限制王权的作用。诺曼社会初

---

① ［法］弗朗索瓦·基佐：《欧洲代议制政府的历史起源》，张清津、袁淑娟译，复旦大学出版社2016年版，第280—281页。

期在孕育着自由制度的同时，还没有能力完全摆脱专制权力。总之，这种矛盾状况还是要归结于混乱的政治环境。

二 代议制政府的兴起

西罗马帝国灭亡后，占领了欧洲大陆的日耳曼人和不列颠岛的日耳曼人有着相同的起源和风俗习惯，因此，他们各自重新建立王国时所面临的环境大同小异。事实上，在盎格鲁-撒克逊时期，英国所展露的代议制政府的萌芽并不比其他国家多。在欧洲大陆，那些利于代议思想生长的各种现象与英国相差无几，同样可以看到君主制度、封建制度与民主制度的相互博弈。这就引出一种疑惑：为什么代议制政府在英国能够盛行，但在欧洲大陆却阻隔重重，即使有所发展，在深度和层次上也难以与英国相较？要回答这个问题，需要考察英国历史的发展过程，从中发现决定英国与欧洲大陆国家在政治发展方向上不同的原因。这些原因正是促成英国代议制成长的关键所在。

代议制政府的起源有两大基本特征：一方面是国王的统治权始终受到限制，另一方面是权力分立的政府组织形式。首先，就国王的统治权而言，在中古时期，英国都很难看到国王享有绝对的国家统治权，贤人会议、御前会议以及亨利三世之后的议会等各种大小形式的议事会和贵族会议都在参与国家政治事务的讨论。由于封土制和封君封臣关系的影响，能够与会的贵族权力相对独立，可以与王权比肩而立。因此，所召开的这些会议也就相对独立，并不完全受国王控制。其实，在代议制度还在摸索中前进的中世纪，这些会议所呈现出的状态也并不是一成不变的，有时会议受国王主导，促使专制主义滋长；有时因为内战无政府状态或者外战筹措经费，会议在协商中会使得国王不得不向大贵族割让一部分统治权。除了战争之外，国王的权力还需在会议中接受成员监督，甚至也有被议会弹劾的实例。无论如何，这些议事会始终能够干预国家政治。国王的统治权受到约束，避免了国家权力集中于国王一人之手。14世纪之前，英国政府所呈现出的特征基本如此。

在这一时期，由于权力分立制度尚未形成，贵族议事会还未达到完全抑制王权的程度，大贵族与国王相互角逐，一方无法制约另一方。这一现象直到代议制度步入早期实践才开始出现转变。

中古英国代议制的早期实践有两个重要表现。首先，英国议事会的干预使国王的权力始终受到约束，这体现了代议思想中的权力制衡原则。除此之外，宪政法学家将国王的权力纳入法律的解释框架，为国家统治权的制衡增加了法律保障。亨利三世时期的大法官布拉克顿（Bracton）以及亨利四世时期与之处于相同职位的福蒂斯丘（Fortescue）从权力来源的角度，为"国王的绝对权力本身就是不合法的"做出了解释。在中世纪神权政治的影响下，神权思想与代议思想并行，代议制度正是在各种思想的交错与混沌中逐渐被中古代议思想家挖掘出来的，深藏于人民心中的权利意识逐渐觉醒。一方面，布拉克顿指出，国王的统治权并不是天生就拥有的，而是法律赋予的。国家的统治权并不是国王的专有物。国王身为一国之君，虽然不需要听从于任何人，但是他要服从上帝和法律。同时，根据政治权力来源于公民共同体的代议民主原则，法律赋予国王权力，等同于人民立法者赋予国王权力。因此，国王的行为应受法律的约束、接受人民的监督，防止形成凌驾于公民之上的专制权力。布拉克顿还在《法学汇编》（*Pandects*）中阐述，"国王只能做法律所允许的事"。国王的意愿必须通过议事会的同意，经过议事会成员讨论所决定的结果才具有法律效力，并且是由国王授予他们讨论这些问题的权利。[①] 另

[①] Samuel E. Thorne, *Bracton on the Laws and Customs of England*, New York: The Belknap Press of Harvard University Press, 1942, pp. 202-204.

一方面，福蒂斯丘在他的著作《论英格兰的法律与政制》中指出，"英国君主制不仅是君主政体，而且是合法的和公民的政权（non solum est regalis, sed legalis et politica potestas）"①。福蒂斯丘将英国的君主制解读为公民的政权，体现了代议民主思想中"社会共同体是政治权力的最终来源"的原则，并且将公民对国王权力的约束上升为人民的公共权利观念，逐渐建立起"王在法下"的政治体制。民主自由权获得了生长的土壤，人民尊重的是君主权力的合法性。一旦出现独立的、绝对的统治权，人民就不会承认它的合法性。

其次，随着城镇居民和市民代表财富的增多，他们便逐渐产生了更多的政治话语权的要求。除了国王的亲信臣属之外，作为重要的征税对象，他们是国王不得不慎重对待的新兴阶层。加之长久以来英国历史传统和文化中潜在的公共权利观念，以及既已形成的早期代议形式，城镇居民代表和市民代表进入国王大议事会显得顺理成章。而且，他们不会因为参与公共事务而与贵族阶级发生摩擦甚或过分冲突。更重要的是，他们的参与的确让会议的性质和形式发生了改变，并且影响议会之后的发展方向，为两院制的分立埋下了伏笔。最后，国王的大议事会也就演变成了近现代议会。②

三　代议制政府的发展历程

议会的英文"Parliament"一词来源于14世纪的盎格鲁－诺曼语。其词源为11世纪法语"Parlement"，最初为"Parler"，意

---

①　[英]约翰·福蒂斯丘爵士著，[英]谢利·洛克伍德编：《论英格兰的法律与政制》，袁瑜琤译，北京大学出版社2008年版，第76—77页。
②　[法]弗朗索瓦·基佐：《欧洲代议制政府的历史起源》，张清津、袁淑娟译，复旦大学出版社2016年版，第233—235页。

为"说话"。随着时间的推移，该词的含义逐渐演变，最初指的是通过各种协商或司法团体进行的讨论、对话或谈判，通常由君主召集。至15世纪，在英国象征着立法机关。从词源角度理解，"Parliament"从简单的"说话"演变为"谁与谁对话""在什么场合对话""对话的内容如何"以及"如何决定对话的结果"等等，这些通俗的理解实则反映出英国的代议制度不断深化和完善的一个历史过程。而在这个过程中，贵族和王权的争斗从未间断，斗争的结果往往是贵族要求国王以"成文宪章"的形式确保他们的自由和特权。然而，国王往往善于审时度势：居于弱势，便会积极颁布并认可成文宪章；一旦夺势，便急于撕毁宪章。造成这一现象的关键原因是缺乏制度约束。即使如此，央求、颁布、确认、撕毁和重申宪章的行为，其发生的重要协商场所或是机构仍是一些充满代议色彩的会议形式。从这个意义上讲，英国代议制政府的成长与国王—贵族不断争取利于自己的"成文宪章"的过程紧密相关。因此，在进入代议制政府历程的讨论之前，有必要详述英国贵族与国王就"宪章"所进行的拉锯战。

中世纪英国宪章史可以说是国王忙于维护其特权，而贵族坚持不懈地尝试让国王做出新的让步的过程。基佐作为《大宪章》的歌颂者，他认为，自由在转化为权利之前毫无价值，宪章使自由转变为被人认可和尊重的权利。将自由转变为权利之后，需要用坚实的保障来稳固权利，这就形成了自由政府。自由政府的运行需要独立于"保障"之外的力量加以维护和监督，这便是代议制度的前奏。[①] 这段话阐释了基佐对宪章与"权利和自由"关系的看法：自由通过宪章转化为权利，权利在被人认可后形成了自由政府，代议制度的出现保障自由政府将权利掌握在合法的范围

---

① [法] 弗朗索瓦·基佐：《欧洲代议制政府的历史起源》，张清津、袁淑娟译，复旦大学出版社2016年版，第281—282页。

之内。因此，议会是权利的保障。

最初，英国贵族竭力捍卫自身权力，可追溯至比约翰王（1199—1216年在位）还早的时期——征服者威廉之宪章（1071年），这时甚至还不能称之为"宪章"，是贵族从国王那里争取的特许状（charters）。麦考莱就曾强调，"charters"就是指国王颁发给贵族或者公民的特许状。① 特许状是国王向贵族或者公民妥协的象征。正是这一个个的特许状，最终形成了英国这一时期的宪章以及最终的《自由大宪章》。可以说，特许状就是宪章的前身，宪章是更加系统和规范的特许状。

诺曼征服之后，盎格鲁-撒克逊人极力捍卫他们的撒克逊法，为此付出了艰苦卓绝的努力。终于，在1071年前后，撒克逊人基本能够确认，他们的法律得到承认。因为，在这一年，威廉颁布了宪章，译作"坚持在全国范围内遵守某些法律的国王宪章"（Charta regis de quibusdam statutis per totam Angliam firmiter observandis）。② 但是，该宪章的原件不慎丢失，因此，有人质疑1071年威廉宪章的真实性，然而，该宪章还存有一份复印件在国王税务法庭的红皮书（Red Book of the Exchequer）中。这份复印件是对该宪章真实性的有力证明。③ 事实上，就连篡位者亨利一世（1100—1135年在位）——诺曼第三位国王——也承认它的存在。无论如何，基佐都认为，威廉的宪章只是封建政治环境中国王对于法律的一个公告，这个公告作为诺曼征服后撒克逊贵族的第一次胜利，或许是含糊的、不成形的，但是它在英国宪章发展道路中的地位不容小觑。

---

① ［英］托马斯·麦考莱：《麦考莱英国史》，周旭、刘学谦译，北京时代华文书局2013年版，第364—370页。
② William Stubbs, *The Constitutional History of England*, Oxford: Clarendon Press, 1929, p. 203.
③ ［法］弗朗索瓦·基佐：《欧洲代议制政府的历史起源》，张清津、袁淑娟译，复旦大学出版社2016年版，第284页。

从亨利一世的宪章中能够清楚地看出，国王为了稳固政权放弃了很多权力，一部分是因为之前诺曼国王势力过于强大，使他们很容易侵害诺曼贵族的权力，亨利一世在宪章中向诺曼贵族承诺让步；另一部分亨利承诺，不再仿效他的国王哥哥过分压制盎格鲁-撒克逊人的行为。具体来讲，国王不得再擅自占用因修道院院长或主教职位空缺的收入，教会的土地不会再被国王买卖或耕种；国王还向贵族承诺，不再过分干涉他们子女的婚姻，只要不与国王的敌人联姻；没有子嗣的寡妇可以收回嫁妆等合法财产并按照自己的意愿改嫁；贵族可以通过赠予或遗嘱处置其遗产，国王不得随意没收；国王放弃了威廉·鲁弗斯（征服者威廉之子）所霸占的森林资源等。[①] 亨利还向伦敦市授予特许状：在政务管理上，承诺不再干预郡守和市长的选举问题，还允许他们自行召开例行集会；在金钱援助上，允许他们不再缴纳丹麦金、河流治理费等这些额外的摊派费用，并且没有义务为国王的随从解决食宿问题。[②] 显然，这些都是亨利一世本人为了篡位所付出的代价。在危机时期所许下的承诺，过了危机时期，由于没有完善的制度保障或监督机制，国王也就很容易违反当初允诺给贵族和国民的宪章或特许状。正是由于当时还没有完善的代议制度，贵族集团内部和国民还不具备联合起来的能力维护自由权利。亨利一世的这些让步在没有保障的情境下，自然也就沦为了空谈。

与亨利一世相类似，他的继任者斯蒂芬国王也颁发了两次特许状：第一次是对爱德华国王和亨利一世所制定的法律表示认可，第二次是由于当时诸如郡守、市长等公共职位被瓜分，公职人员贪图个人利益趁机谋取私利，针对这些行为所造成的社会弊

[①] [法] 弗朗索瓦·基佐：《欧洲代议制政府的历史起源》，张清津、袁淑娟译，复旦大学出版社2016年版，第284—285页。

[②] William Stubbs, *The Constitutional History of England*, Oxford: Clarendon Press, 1929, pp. 204–205.

病进行了改革。① 亨利二世统治期间，于 1154 年曾颁发过特许状，但是并没有在权利方面有新的让步。这一时期与本书所探讨的问题关系最密切的变化应该是，国王允许臣属的兵役义务可以从人身役务转化为兵役免除税（escuage）。② 这个改变带来了新的矛盾：盾牌钱的构建、界限与范畴等相关问题很快成为国王与贵族之间斗争的对象。因为，国王可以利用这种新赋税建立一支有薪酬、训练有素并且完全听命于他的军队，这让贵族阶层——大小封建主——对这支外国雇佣军很有意见，因为他们感到了威胁。而且，在某些情况下，当臣属愿意提供人身役务时，国王仍然要求强征兵役免除税。国王以国家兵役代理人的身份自居，随意制定这种赎金的金额以及收取的次数。仅在亨利二世统治期间，他就征收了 5 次兵役免除税。③ 亨利二世在其统治期间，一直疲于应付他的儿子理查德和约翰，同时，欧洲大陆和爱尔兰被征服地上叛乱不断，亨利不断要求更多的税赋，也正是为了应付这些反叛以及他的儿子们。理查德一世在位期间也忙于各种征伐，在制度与权利保障方面没有什么显著的进展，随着他的离任，王权不断衰弱，贵族趁机插手国家管理。

约翰统治时期被迫承认的《大宪章》是教士和贵族联合起来战胜国王的纪念碑，同时奠定了英国宪法的基础。本书简要将约翰王朝分为三个时期：第一个时期是 1199—1206 年，约翰忙于与贵族争吵；第二个时期是 1206—1213 年，约翰失去了教皇和教士的支持；第三个时期是 1213 年直至 1216 年统治结束，在这一时期，约翰与贵族和教会两方的势力都相当敌对，他们便联合起来共

---

① William Stubbs, *The Constitutional History of England*, Oxford: Clarendon Press, 1929, pp. 205 – 206.
② William Stubbs, *The Constitutional History of England*, Oxford: Clarendon Press, 1929, pp. 206 – 207.
③ William Stubbs, *The Constitutional History of England*, Oxford: Clarendon Press, 1929, p. 207.

同与王权抗衡,约翰在这种情况下节节败退,再加上国王的力量从理查德开始就已经日渐衰落,最终,约翰承认了《大宪章》。①

具体来看,在第一个时期,约翰与贵族的不和首先是因为约翰篡夺了亚瑟(Arthur)——理查德在遗嘱中明确承认的合法继承人——的王位。亚瑟是约翰的外甥,布列塔尼(Bretagne)的公爵,外界对他的评价是"慷慨且善良的",因此欧洲大陆的属地上对约翰并不信服。法国几个重要的城市或地区,诸如安茹、普瓦图和图尔(Touraine)等,都曾表示支持亚瑟。并且,欧洲的封建传统本来就使人们更容易承认儿子的继承资格,而不是兄弟。其次,约翰在某些问题上也与法国国王意见相左,贵族不赞成约翰的欧洲大陆计划,不赞成约翰执意要在法国进行的战争,除了因战争的苛捐杂税而让贵族引起的反感,约翰在个人生活上的态度也十分轻浮。对于那些曾对他表示过不悦的贵族,他便想办法逼迫这些人与他的随从格斗,用这种卑劣的方式解决争端。约翰的这些行为不禁令贵族生厌。最终,约翰将亚瑟置于死地的行为彻底激怒了贵族。

在第二个时期,约翰和教会不和的直接导火索是坎特伯雷大主教的继任问题。坎特伯雷大主教去世之后,未经国王允许,教会私自选举了继任人选。这使约翰感到自己的君权受到了威胁,于是他联合那些没能参与此次选举而颇有微词的主教,任命了诺里奇(Norwich)的主教为继任者。在双方难较高下的情况下,教皇英诺森三世介入了。教皇并没有承认任何一方的继任者,而是授意教士选举了枢机主教斯蒂芬·兰顿(Stephen Langton)。英诺森三世的这一举动让约翰王感到颜面扫地,他气愤地将教士逐出坎特伯雷并将教会的收入据为己有。他的这一行为也触怒了教

---

① [英]詹姆斯·C. 霍尔特:《大宪章》,毕竞悦、李红海、苗文龙译,北京大学出版社 2010 年版,第 3—20 页。

皇，英诺森直接将他逐出教门并且解除了国民对约翰效忠的契约。从此，国民以及贵族不再对约翰王负有义务。约翰王在教会与贵族两面受挫，彻底被孤立起来。更令约翰王感到威胁的是，教皇还任命菲利普·奥古斯丁为英格兰国王，并实行其教令。此时的约翰王再向贵族求助为时已晚，他屈服于教皇，并最终以每年1000马克的贡税"赎回"了自己的王位。[1] 从前两个阶段的史事可以看出，或许约翰王并没有意识到，教会和贵族的双方势力相互制衡是维系王权的关键。他的鲁莽行为引起双方的反感，使贵族和教会组成联盟共同对抗他。这种对抗最初是被兰顿大主教领导且激发的，于是，英格兰的教士也开始接受贵族的自由运动。要知道，之前的国王一直都阻挠贵族与教会双方的结盟。而这种结盟对于代议民主思想的实现是意义非凡的。联盟的建立具备了政治民主进程发展的必然性，为《大宪章》的诞生创造了条件。

在第三个时期，贵族阶级的多次集会以及约翰王与贵族之间的多次争执，甚至兵戎相见，都是为了使约翰王承认《大宪章》的合法性。首先，早在圣埃德蒙兹伯里（Saint Edmundsbury）会议之前，斯蒂芬·兰顿就将他所发掘的、亨利一世宪章的副本（前文已述）在一次贵族集会（于1213年8月28日召开）时向大家宣读，引起了贵族的热烈反响。于是，他们便暂且以这份宪章为蓝本，在圣埃德蒙兹伯里会议上，明确要求国王重申亨利一世宪章。接着，他们于1215年1月5日在伦敦和国王开始公开磋商，同时施以武力威胁。贵族第一次向国王明确提出要求：恢复亨利一世宪章，恢复忏悔者爱德华所制定的所有法律。约翰王被贵族联盟的阵势所震慑，提出暂缓至复活节的要求，用争取来的

---

[1] William Stubbs, *The Constitutional History of England*, Oxford: Clarendon Press, 1929, pp. 208–210.

这几个月的时间瓦解他的敌对势力。约翰王首先向教士抛出橄榄枝，以求得教会的支持。他颁发了一项特许令，授予教士对自己的主教以及男修道院院长的选举权，希望凭借对教会特权的允诺和保证教会内部的部分独立性换取教会的支持。[1] 事实证明，约翰王的做法稍有成效。国王和贵族在这一时期几乎同时派出使节到罗马向教皇控诉，以求得教皇对己方的支持。结果，教皇责备了贵族。但是，贵族的决心并没有因此受到影响，他们于4月19日再次在斯坦福德（Stamford）集会。与贵族同时来的，还有2000名全副武装的骑士，可见他们的决心。约翰王自然无法忍受这种挑战君权的举动，于是双方彼此宣战。5月24日，贵族占领伦敦，受到市民的热烈欢迎。虽然在宣战之前，教皇曾写信给贵族，要求他们停止计划，但是当约翰王再次请求教皇进行干预时，被教皇拒绝了。终于，在6月19日，约翰王在兰尼米德（Runnymead）与贵族进行和谈会议，并最终承认《大宪章》的有效性。

基佐将《大宪章》分为三个部分，第一部分针对教士的利益，第二部分是对贵族利益，第三部分有关平民的利益。[2] 对于《大宪章》中几个具有代表性的条例，笔者在此进行简要分析。

首先，基督教会的利益在《大宪章》被承认之前，就已经通过特许状基本解决了。国王在与贵族的角逐中，为了争取教会的支持，曾颁发特许状授予教士选举特权。而《大宪章》需要做的工作，就是对这些教会已有的豁免权和特权进行确认，这也就成了宪章中的第1条。而关于贵族利益的调整，是《大宪章》中至关重要的部分，在磋商过程中争执最激烈，取得的成效也最大。例如，宪章中第12条和第14条对于征收盾牌钱和额外特殊津贴

---

[1] William Stubbs, *The Constitutional History of England*, Oxford: Clarendon Press, 1929, pp. 211–215.
[2] ［法］弗朗索瓦·基佐：《欧洲代议制政府的历史起源》，张清津、袁淑娟译，复旦大学出版社2016年版，第281页。

给出了明确的界定。①

第 12 条规定，只有三种情况下可以征收盾牌钱和特殊津贴，而不需要经过会议（common council）的同意：为国王赎身、长子立为骑士、长女出嫁。之前的封建法律中，对征收的时间或情况界定得比较模糊，使得国王对兵役免除税和特殊津贴的征收向来比较随意。而第 12 条条款正是解决了这一问题。除了这三种情况，征收税金和津贴都必须经过会议讨论并同意。

怎样合法召开一次国民议事会，第 14 条对此做出了明确规定。首先，国王需要书面通知各地的大主教、主教、男修道院院长、伯爵和大贵族（greater barons），说明会议地点、时间以及召开缘由，即在信函中需解释为何事而召开此次会议。这样一来，即使被召集的人士不可能全部到场，出席会议的成员也会在固定时间、固定地点讨论并决定相关事务。第 14 条使得议事会有了较为完整的程序。即使对于那些直接受封于国王的小封建主或小贵族，条款中也明确规定，需要通过地方上的郡长和镇长（sheriffs and bailiffs）召集起来。对于这个细节，斯塔布斯曾提出，第 14 条的另一价值正在于此：它首次将大小贵族和高低教士进行区分，或许就是议会两院区分的最初源头。②

另外，关于贵族利益的条例，还包括第 2—3 条，明确了封地直系继承人的献纳金数额；第 6—8 条，对被监护人的婚姻及臣属孀妇和子女的婚姻，国王做出了一定程度的妥协；最后有几个条款还特地规定了国王对其直接封臣的惩罚也应限定在一个固定的范围之内，比如，需要根据其封臣违法的严重程度来确定罚款金额，因犯重罪而需要将土地查封者，被查封的时间也需要给出一

---

① ［英］詹姆斯·C. 霍尔特：《大宪章》，毕竞悦、李红海、苗文龙译，附录 6 "1215 年《大宪章》原文英译本"，北京大学出版社 2010 年版，第 403—411 页。
② William Stubbs, *The Constitutional History of England*, Oxford：Clarendon Press, 1929, pp. 7 – 12.

个明确期限。总之,《大宪章》中有利于贵族的这些条例,赋予了贵族前所未有的"权利和自由",尤其是使他们的财产获得了一定程度上的保障。

同时,《大宪章》还有更加广泛的意义——在一定程度上满足了世俗人员的要求,尤其是普通自由人的权利。之所以如此说,是因为贵族和平民是一个利益共同体。由于封土制度和封君封臣关系,国王在宪章中的授权,平民和贵族的臣属也会要求从他们的领主那里得到。因此贵族和平民的利益也会捆绑在一起。这一点在《大宪章》的第 15 条得到了体现:除了上述国王征税的三种情况,领主也不能随意向封臣征收盾牌钱和特殊津贴;除此之外,第 17—18 条对封建法庭(尤其是有关民事诉讼)的召开进行了规范;第 38—40 条规定任何自由民不得随意被监禁或判决,以保证司法的公正性;第 13 条保障了伦敦市及其他自治市或城镇的习俗和自治权;第 20、26、28、30、31 条主要保护市民、商人或佃农等平民阶级的正常生活及劳作不受骚扰;第 41 条还特别提出,要保障商人有自由贸易的权利。[1] 虽然有些人认为,《大宪章》得到承认主要得益于贵族的支持,因为《大宪章》本身是用来维护贵族的特殊利益的。但是,事实证明这种说法是片面的。通过阅读《大宪章》原文,也能对基佐的观点有所体会。基佐阐述道:"该宪章中至少有三分之一是用来承认和保障平民的权利的,这样的比例足以说明,尽管《大宪章》的阶段性成功取决于贵族的支持,但是,他们并不是仅仅为了获得对自己有利的条款,而是有意识地让各个阶级的权利平等地受到尊重和保护。"[2]《大宪章》所体现出的这种对社会各阶层的平等意识,对议会两院制的

---

[1] [英]詹姆斯·C. 霍尔特:《大宪章》,毕竞悦、李红海、苗文龙译,附录 6 "1215 年《大宪章》原文英译本",北京大学出版社 2010 年版,第 403—411 页。

[2] [法]弗朗索瓦·基佐:《欧洲代议制政府的历史起源》,张清津、袁淑娟译,复旦大学出版社 2016 年版,第 284 页。

建立意义重大。

前文已述，宪章是国王向国民做出的承诺，承认他们的权利。然而，在得到认可后，如果缺少坚实的保障，那么，被承认的权利将变得毫无意义。《大宪章》的第 61 条正是试图建立这样一道保障。条款规定，将由贵族阶级自主选出 25 个代表监督《大宪章》中条款的具体履行情况。不论是国王，还是任何最高法官（justiciar）、地方上的执政官（bailiff）或是任何国王的随从，以任何方式违反了宪章中的条款，这些贵族都有权在国王面前揭发他们的不法行为。如果此时国王不在国内，贵族将有权对其进行公告并要求国王在限定日期前对不法行为进行纠正。若国王不答应该要求，在贵族发出公告 40 天后，他们将有权控告国王的不作为，并且剥夺国王的土地所有权，强迫国王对不法行为进行纠正。前提是国王本人、王后及子女的安全将受到保护。[①] 第 61 条的这一规定，初衷的确是想让《大宪章》的条款能够贯彻执行，同时希望能对宪章中所承认的自由和权利进行保障。然而事实上，第 61 条在当时却很难得到执行，而为之后的内战埋下了伏笔。[②] 尽管《大宪章》将人民要求的权利和自由详尽地记录了下来，但是，由于没有保障，这些权利只得到国王的暂时承认。然而，第 61 条的贯彻执行，不能是依赖于国王或贵族哪一方失势等这类暂时性的因素，而应来自双方的认可，来自一种契约精神，不然这一保障就很难建立起来。

身处那个时代的贵族，仅仅能意识到他们的权利和自由需要获得国王的"承认"，还没有能力去理解权利和自由从获得"承认"到获得"保障"这一过程。《大宪章》的价值在于，它将这

---

① ［英］詹姆斯·C. 霍尔特：《大宪章》，毕竞悦、李红海、苗文龙译，附录 6 "1215 年《大宪章》原文英译本"，北京大学出版社 2010 年版，第 403—411 页。

② ［法］弗朗索瓦·基佐：《欧洲代议制政府的历史起源》，张清津、袁淑娟译，复旦大学出版社 2016 年版，第 285—287 页。

种强制性的保障记录在册,只是在具体履行时受到了时代限制等因素的牵绊。因此,从宪章史的角度来看,《大宪章》并不是完全成功的,这种强制性的保障仍然需要后世不断努力。

约翰王一开始假装完全接受了《大宪章》,并毫无怨言地接受了宪章所带给他的损失,但是这一假象并没有维持太久。约翰先是寄希望于教会,他派信使到罗马申诉贵族对他的不敬,试图以此寻求英诺森三世的援助。教皇下令将所有参与《大宪章》制定的反叛贵族都革除教籍。然而,这一命令效果甚微,因为兰顿大主教拒绝革除贵族的教籍。贵族和教会在面对约翰王的进攻时,始终紧密地结为联盟。至此,约翰王想要瓦解这个联盟的计划成为徒劳。同时,约翰王隐居怀特岛时招募了一支外国雇佣兵军队,希望通过武力夺回王权。1215年10月内战开始,约翰王对贵族的进攻不断取得胜利,直到拘禁了被委派监督《大宪章》执行的25个贵族之一,同时也是25个贵族的杰出领袖——威廉·德阿尔贝尼(William d'Albiney)。这时约翰王可以说是取得了阶段性的胜利,重燃挽回王权的希望。然而,贵族请来了救兵——菲利普·奥格斯塔斯的儿子路易斯王子,许之以英格兰王位。形势变幻莫测,路易斯的军队还未登陆,约翰王就遭到亲信和士兵的抛弃。最后,约翰王在1216年10月去世。而偏爱法国贵族的路易斯王子,由于难以真正取信于英国贵族,最终放弃了这个由英国贵族在偶遇困境之时向他提供的王位。

到约翰王去世,《大宪章》虽然还未取得绝对意义上的成功,但是,大致已经对贵族和平民的权利公开表示了承认,这是国王与贵族取得初步和解的结果。然而,上文已述,对于已经承认的权利缺少坚实的保障,这是目前为止宪章的弊端,同时也是之后发展中所需要解决的问题。这关系着国王能否忠实地履行宪章中的条款,以及能否尊重宪章中所赋予贵族和平民的权利。此时,宪章对国王的唯一制约,是以内战作为威胁,迫使国王不得违反

第五章 实践与调适

宪章中的条款。但是，结合时代背景以及上文分析可以看出，国王和大贵族的各方势力错综复杂，再加上雇佣兵的外部力量等，武装的威胁似乎并不是一个解决问题的最佳方案，最多也只能算是一种补救措施。毕竟，对于一个国家的发展也好，对于建立一个代议制自由政府也好，稳定的社会秩序是发展的重中之重，而国王与贵族这两个对手之间以战争作为威胁的约定难以保证社会的稳定，自然也就预示着在约翰王之后，亨利三世（1216—1272年在位）时期，宪章的发展同样会面临波折。

亨利三世继位之后，宪章发展经历了签发、违反、确认、废除、再确认的来回反复的过程。起初，亨利三世继位时还只是一个孩子，尚不足10岁，因此，这里可以将亨利三世时期的宪章史大致分为亲政（1227年）前与亲政后两个阶段。

亲政前，亨利三世在1216年继位时，英国国内实际上是存在两位君主——另一位是前文提到的法国路易斯王子。在这种情况之下，解决这一危机成为约翰王的追随者、亨利国王的保护人——彭布罗克（Pembroke）伯爵——的当务之急。彭布罗克是约翰王时期皇家军队的司令官，亨利三世年少即位时，他将对约翰王的忠诚转移到年轻的国王身上，成为英格兰的摄政王。为了能让亨利三世在与路易斯王子的党派之争中胜出，彭布罗克以亨利国王的名义签发了新的宪章，该宪章对约翰王时期的条款稍加变动，隐晦地删除了有关兵役免除税、保护森林区域、维护郡习俗的条款，同时，当国王违反宪章条款时，以武力进行抗议的权利也被删除了。之所以称之为隐晦，是因为删除的决定并没有明示，而是在宪章中有言在先："各主教与大封建主决定，各类事务应得到完全的讨论，以保持公共事务的公开性。"[①] 用"未得到

---

① William Stubbs, *The Constitutional History of England*, Oxford: Clarendon Press, 1929, pp. 20 – 23.

完全讨论"替代了"删除"。而这一时期的贵族，似乎也变得温和了许多，不像约翰王时期要求得那么苛刻，贵族在这一时期对社会其他阶级利益的关注度也明显下降了。因此，亨利国王签发的第一个宪章，就这样得到了贵族的支持，更重要的是，对争取支持法国路易斯王子的党派发挥了积极作用。路易斯王子和亨利达成协议，退出了英国，亨利三世稳坐王位。

路易斯的退出使英格兰国内再现和谐景象，为了保持住这份和谐，紧接着又于1217年通过了两个宪章。这里面只有一个改动需要注意，即恢复了兵役免除税，按照亨利二世时期的规定征收。另外，就是针对《森林宪章》，主要目的是明确国王和贵族所拥有的森林区域的界线。[1] 但是，好景不长，在亨利还未成年亲政之时，摄政议员常常违反这些宪章内的条款，引起了贵族越来越强烈的抗议。1223年，年轻的国王为了平息怨言，向贵族承诺宪章将会得到遵守。并且，针对之前删掉的有关郡县习俗方面的条款，政权的代理人还答应将由每个郡选举12名骑士，骑士可以根据各自郡县的古老习俗，考察国王该享有哪些权力，平民该享有哪些权利。这里，考察国王的权力主要是明确王权的界限。因此可以说，这一决定给了郡县相当大的自由权。[2] 至此可见，1216年签发的宪章中删除的关于兵役免除税、保护森林区域、维护郡县习俗的条款，基本又一一恢复了。1225年，贵族新的担忧又引发了新的抗议，国王及其政权代理人认为，有必要再次对宪章进行确认以平抚贵族的情绪。起因是教皇霍诺留三世发诏书宣布17岁的亨利三世已成人，同时规定，那些贵族以托管的形式所占有的年轻国王的城堡及领地，应归还给国王。这一诏书使贵族

---

[1] William Stubbs, *The Constitutional History of England*, Oxford: Clarendon Press, 1929, pp. 24–26.

[2] William Stubbs, *The Constitutional History of England*, Oxford: Clarendon Press, 1929, pp. 26–27.

开始揣测国王的意图,认为他有意破坏托管协议,进而或许会有废除那两个宪章的打算,毕竟那是在他年幼时颁布的。为了消除这种顾虑,国王再次确认了之前的两个宪章。为了回应教皇的诏书,同时也为了表示对占有国王领地的让步,贵族也承诺将全国所有动产的十五分之一作为国王的津贴。①

然而,两年后,当亨利三世真正成年时,又发生了变化。亨利直接将之前所有的宪章一并废除,并声称那是在他没有亲政甚至是没有人身自由的情况下签发的。② 更令贵族不满的是,亨利三世总对外国人委以重任并安插在自己身边做私人顾问,如因与法国伯爵的女儿埃莉诺(Eleanor)结婚而结识的普罗旺斯人,以及法国普瓦图人温彻斯特(Winchester)主教彼得(Peter des Roches)等。英格兰贵族认为,这些外国人根本不把英国当成自己的国家,唆使国王掏空国库并强征苛捐杂税。直到1237年,亨利国王再次向贵族征收津贴时,贵族彻底愤怒了。受到惊吓的亨利再次用重新确认宪章的方式以平息怨怒,贵族也将津贴从原来动产的十五分之一提高为十三分之一。然而,这些津贴对于穷奢极侈的国王来说实在微薄,因此,亨利动用了专制、独断的方式来解决自己财政吃紧的状况,他"发明"了一种新税——强制性贷款。③ 真正的税收应该经过贵族大会的共同同意才能征收,"涉及众人之事应由众人决断"是代议思想的重要内容之一,显然,亨利三世的行为已经违背了宪章,违背了公平和正义,违背了已经开始萌芽的代议思想。终于,贵族认识到,反复确认宪章于亨利而言,只是屡试不爽的补救措施,亨利并没有将宪章看作对国

---

① William Stubbs, *The Constitutional History of England*, Oxford: Clarendon Press, 1929, pp. 29 – 31.

② William Stubbs, *The Constitutional History of England*, Oxford: Clarendon Press, 1929, pp. 31 – 33.

③ William Stubbs, *The Constitutional History of England*, Oxford: Clarendon Press, 1929, pp. 46 – 49.

民的诺言，他始终在试探贵族会不会有新的让步，尤其是在征税方面。所以，为了将王权限制在合理范围内，为了让宪章中的条款所规定的公共权利有坚实的保障，莱斯特郡（Leicester）伯爵作为贵族派的领袖，首先发动了反叛，后来还羁押了爱德华王子作为人质。结果，1264年亨利国王迫于压力重新修订了宪章并在马尔伯勒（Marlborough）会议上再次确认了宪章。[①] 这是亨利三世最后一次确认宪章。1272年，亨利三世去世。可以看到，亨利三世直到漫长的统治时期结束，也没有真正为宪章建立一道可靠的保障。

在约翰王和亨利三世统治时期，封建贵族一直以内战作为威胁，限制王权，以此要求国王遵守宪章中的规定。宪章作为贵族和国王之间权力斗争的焦点，到了爱德华一世统治时期，双方依然在试探彼此之间新的让步和妥协。贵族对于追求自由权利的决心丝毫没有减弱，国王也一直在为维护自身的特权而努力。不同的是，双方逐渐不再把斗争诉诸战场，斗争的场所和方向在爱德华时期都有所改变：场所由战场转向了议会，方向由战场上取得的胜利转化为将这种胜利在议会的争论中合法化。贵族和国王之间的权力斗争变得更为缓和、合法。用议会争论取代内战，是英国在宪章史的发展上、在建立代议制政府的道路上取得的卓越进步，也是代议民主思想在英国中世纪实践中发生的一个不容忽视的转折。

爱德华在征讨威尔士和平定苏格兰叛乱时所表现出的能力，以及他对人民温和的态度，赢得了国内的广泛赞誉。或许是威尔士和苏格兰的战争增强了英格兰内部国王与贵族、平民的凝聚力，民众的注意力大多被爱德华的军事才能所吸引，为国王的胜利而骄傲。同时，爱德华在管理国家内部事务时卓越的才能以及

[①] William, Stubbs, *The Constitutional History of England*, Oxford: Clarendon Press, 1929, pp. 49–50.

第五章 实践与调适

温和的态度，使得贵族与国王权力的纠纷缓和了许多。这得益于英国在司法秩序、军事制度以及管理上的一些陋习都有了一定程度的改善。大约在他执政的前20年里，几乎没有引发贵族或平民的怨言，因此，虽然国王在这一时期时常召集会议，但是几乎寻不到关于宪章的踪迹。表面看来，贵族和国王的矛盾在这一时期似乎不像之前那么尖锐。

但是，在爱德华骁勇善战的背后，却是庞大的军费开支。这使得他总是采取各种方式，想方设法增加征收特殊津贴或赠品的次数和金额，最后达到了几乎专制而暴虐的程度，引起了英国国内的骚动。例如，爱德华规定，每袋出口的羊毛将需要缴纳40先令的关税，以当时的物价，这一关税已然超过了一袋羊毛本身价值的三分之一。1297年11月5日，在爱德华再次确认宪章时所发布的法令中，羊毛出口税被单独列出来说明并承诺取消。[1] 可见这个税项在当时有多么受人诟病。同时，对于不同性质的领地，爱德华在当时还要求征收20多英镑的税收。除了税收，爱德华还经常向各郡郡长索要赠品，如小麦和燕麦，通常为两千夸特[2]，还有家禽无数。此外，役务方面，按照他的要求，土地所有者还需要参与他将在法国发动的战争，既要出钱又要出力，给大小贵族带来了极大的负担。终于，1297年，平民和贵族对于爱德华的不满情绪达到了一个高潮——爱德华试图打破自威廉一世起所制定的八分之一动产税的原则，来获得更高的税赋。[3] 他将1296年在圣埃德蒙德兹伯里经共同同意而获批的特殊津贴，故意曲解成比八分之一动产税要高得多的税收，并逼迫人民缴纳。

---

[1] [法] 弗朗索瓦·基佐：《欧洲代议制政府的历史起源》，张清津、袁淑娟译，复旦大学出版社2016年版，第295—297页。

[2] 1夸特=12.7千克。

[3] R. G. Davies and J. H. Denton, *The English Parliament in the Middle Ages*, Manchester: Manchester University Press, 1981, pp. 82–84.

英国中古后期的代议思想及其实践

英国的各方贵族势力并不一味地听从于国王的要求，财力雄厚的权贵开始提出反对意见，并公然违抗国王的命令。爱德华在征伐前将贵族召集起来做军事部署时，赫勒福德的伯爵汉弗莱·波鸿（Humphrey Bohun）和诺福克的伯爵罗杰·毕格德（Roger Bigod）都委婉地拒绝了委派给他们带领军队前去加斯科尼（Gascony）的计划。① 二人一位任宫廷总管（Constable），一位任掌礼大臣（Lord Marshal），声称根据他们职务的性质，他们不能与国王分开。对于二人与国王公开发生的争执，爱德华只能免除了他们两人的职务，独自带军远征佛兰德（Flanders），除此之外，国王暂时也没有其他的解决办法。但是，这次争执让爱德华意识到，再强大的王权也离不开贵族的支持，大众舆论的导向也在很大程度上影响自己的统治。于是，在爱德华启程之前，他认为有必要对他与两个伯爵之间争吵的原因向人民做一个解释，同时也应该再次强调出征的必要性，对自己为了筹集军费而横征暴敛的做法进行辩解。所以，这与其说是一个国王的声明，不如说是国王希望得到人民对他征战的理解和支持，以及有利的舆论导向。这个声明于 1297 年 8 月 12 日由他本人向全国的各位郡守发出。基佐评价这个声明是"在那一时期独一无二的声明"②，因为它记录了英国国王首次对自己的行为尝试辩解。这说明当时的社会环境及政治环境，使君主不得不开始重视人民的公共权利。王权对人民舆论支持的依赖，说明只有获得了社会共同体的承认，王权（或政治权力）才能稳固。这也正是代议民主思想的基本内容——政治权力来源于社会共同体的体现。

两个伯爵对于国王的抵抗不仅限于违抗军命，他们还禁止国

---

① William Stubbs, *The Constitutional History of England*, Oxford: Clarendon Press, 1929, pp. 166 – 169.
② ［法］弗朗索瓦·基佐：《欧洲代议制政府的历史起源》，张清津、袁淑娟译，复旦大学出版社 2016 年版，第 293 页。

库司库和贵族为国王征收八分之一税。为了解决这一国内纠纷，爱德华于 1297 年 11 月 5 日发布法令，主旨是再次承诺确认宪章，并承诺对此前大家所担心的以战争为由征收的额外特殊津贴、赠品或役务将不会成为义务或习惯，除了获得全国人民共同同意的特殊津贴以及为了满足人民共同需要的特殊津贴之外，一切津贴、税收和纳贡征收将严格遵循祖辈的习惯和规则。①

在讨论完盎格鲁－撒克逊制度、宪章史的发展过程以及贵族与国王为了宪章所进行的各种斗争之后，代议制政府的踪迹也随之而来。

盎格鲁－撒克逊时期的贤人会议，这一称谓来源于古英语"witena gemōt"，意为"智者的会议"。第一个有历史记载的贤人会议出现于公元 600 年肯特国王颁布的法典之中。然而，在此之前，贤人早已存在了。因此，"贤人"和"民间集会"几乎可谓现代英国议会的重要先驱。作为诺曼征服的一部分，新国王威廉一世（William I）废除了贤人会议，取而代之的是国王的封君法庭，即国王委员会。国王最高封君法庭的成员主要局限于总佃户，即直接从国王处得到封土的封臣，这些封建主通常包括大贵族、伯爵、男爵和大主教。② 征服者威廉把诺曼底的封建制度带到英国，并在制定法律之前征求封君法庭的建议，这是议会、高级法院、枢密院和内阁的前身。其中，议会的上院正式成为立法机关，只是执行政府不再由皇家法庭控制。大多数历史学家都认为，议会掌握了一定程度的权力，因此，在爱德华一世统治之后，王权逐渐开始受到限制。不少大封建主经常与主教和国王争夺封土上的权力。1215 年，他们从《大宪章》中获得了保障，该

---

① ［法］弗朗索瓦·基佐：《欧洲代议制政府的历史起源》，张清津、袁淑娟译，复旦大学出版社 2016 年版，第 295—297 页。
② 沈汉、刘新成：《英国议会政治史》，南京大学出版社 1991 年版，第 41—45 页。

宪章规定除了封建税，国王不得随意征收任何税，并在议会的同意下加以保障。在亨利三世国王统治时期，13世纪的英国议会将来自郡和城镇的选举代表纳入其中，这些议会被认为是现代议会的前身。1265年，西蒙·德·孟福尔（Simon de Montfort）在反对亨利三世的斗争中，在未经王室授权的情况下召集了拥护者组成的议会，出席的有大主教、修道院院长、伯爵和男爵，还有每个郡的两名骑士和每个城市的两名市民代表。骑士在先前的议会中曾被召集过，但是对于城市来说，获得任何代表权都是前所未有的。到了1295年，爱德华一世在所谓的"模范议会"中采纳了西门的代表和选举理念。1307年，爱德华一世同意在没有征得议会同意的情况下不征收某些税款，同时，他还扩大了议会的立法权。总之，至中古晚期，召开由国王、大贵族、中小贵族以及骑士和市民代表参加的会议渐成为一项处理王国大小政务的制度。

第四节 两院制的建立

两院制是一个关乎议会的内、外部构造和组织的问题，起源于郡和城镇代表共同出席议会。地方代表的介入扩大了民主范围，也改变了议会的组织形式。对于两院制确立的时间，存在不同说法。因为郡和城镇代表进入议会这一事实可以从三个层面来理解：某些学者认为应该追溯到在形式上他们共同举行大会的时间；另一些学者以共同同意的代议原则出发，认为应该追溯到各等级开始共同协商的时间；还有一些学者认为应该追溯到众议院有权利与参议院联合投票的时间。[①] 虽然说法不一，但可以确定

---

① J. S. Roskell, Linda Clark, Carole Rawcliffe and Joel T. Rosenthal, "The History of Parliament: The House of Commons, 1386–1421", *Medieval Prosopography*, Vol. 14, No. 2, 1993, pp. 135–158.

的是，到了 14 世纪中后期，议会已经明确地被分为两院：一个由国王单独召集的大贵族或领主组成，另外一个由通过选举产生的郡和城镇代表组成。其中，众议院代表由选举产生，说明两院制的出现包含了代议民主原则——由各等级选派的代表组成的机构能够行使共同体的政治权力。

这里有必要对两院制形成的过程进行探究，以便了解其性质。就骑士代表而言，作为国王的直系臣属，他们本来就有与大贵族共同出席会议、协商并投票的权利。郡和城镇代表的出现，只是将骑士阶级原本作为国王直系臣属的个人权利以选举的形式进行替代。但是，骑士出席会议的实际形式并没有多大改变。与之相较，自治市代表出席会议却是新的变化，是政治权利的来源进行了调整或者说扩大后的结果。原本他们并没有出席议会、协商并投票的权利。他们在第一次出席议会时就形成了一个相对独立的集会，与贵族阶级分席而坐，会议内容也是仅就他们本阶层的利益进行协商和投票，作为议会的新成员，在议会中尚缺乏根基，既与骑士阶级不同，也与大贵族阶级不同。因此，虽然同为地方代表，骑士和自治市代表（或者说郡和城镇代表）却存在一定的差别。[①]

骑士与贵族阶级的分离，从这一时期议会的协商与投票结果中就能体现出来。贵族和骑士原本同属一个阶层，利益相同。如 1295 年爱德华一世"模范议会"中，骑士与伯爵、男爵一样，将自己财产的十一分之一转让给国王，教士阶级是十分之一，城镇居民是七分之一。直到 1341 年，虽然贵族、骑士、教士与市民转让给国王财产的份额有变化，但是贵族和骑士始终保持着相同的

[①] J. S. Roskell, Linda Clark, Carole Rawcliffe and Joel T. Rosenthal, "The History of Parliament: The House of Commons, 1386–1421", *Medieval Prosopography*, Vol. 14, No. 2, 1993, pp. 135–158.

份额。例如，1296年贵族和骑士是财产的十二分之一，市民是个人财产的八分之一；1341年伯爵、男爵和骑士仅需要将他们羊皮和羊毛制品的九分之一转让给国王，而市民则是个人财产的九分之一。直到1345年，贵族和骑士所享有的权益开始有所不同：骑士需要将其财产的十五分之一转让给国王，而贵族不再被要求转让任何财产或实物，仅需要承诺其本人作为封建领主忠诚于国王即可。[①] 至此，骑士在协商与投票的过程中也已经与大贵族分离，只是尚未与城镇代表一起投票。骑士阶级或者说郡代表已经开始有与贵族分离转而与城镇代表联合的趋势。

城镇代表和自治市代表作为下议院的重要组成部分，开始融合在一起。1373年，在关税方面就存在着仅由城镇和自治市代表投票通过的额外税收。[②] 而郡代表虽然与城镇代表有联合的趋势，但是起初还处于分离的状态。其一是因为封建法律的影响使得郡代表在将近50年的时间里都是贵族的盟友。另外，不论是立法事务还是其他相关事务，往往都只牵涉骑士或平民其中一个阶级的利益，因此也就只能引起其中一个阶级的兴趣。在实际事务的处理中，国王和大贵族认为这类事务与哪个阶级的利益更密切，便和哪个阶级协商。当需要讨论与商人有关的利益时，国王及其顾问团主要与城镇和自治市代表进行协商。比如，1283年的《阿克顿－伯奈尔法令》（*The Statute of Acton-Burnell*）规定商人需要在伦敦、约克、布里斯托尔、林肯、温彻斯特和什鲁斯伯里登记债务，以保护债权人，如果债务人没有货物，债务人将遭受监禁，

[①] Thomas Hinton Burley Oldfield, *The Representative History of Great Britain and Ireland: Being a History of the House of Commons, and of the Countries, Cities and Boroughs, of The United Kingdom, from the Earliest Period*, Vol. 5, London: Baldwin, Cradock, and Joy, 1816, pp. 3–59.

[②] Thomas Hinton Burley Oldfield, *The Representative History of Great Britain and Ireland: Being a History of the House of Commons, and of the Countries, Cities and Boroughs, of The United Kingdom, from the Earliest Period*, Vol. 5, London: Baldwin, Cradock, and Joy, 1816, p. 62.

第五章　实践与调适

直到他或他的朋友支付债务。[1] 有学者表明，这样的法令仅仅是参考城镇和自治市代表的意见而颁布的。[2] 与此同时，当城镇代表齐聚阿克顿-伯奈尔与国王讨论商人的债务问题时，郡代表正在什鲁斯伯里与大贵族对威尔士王子大卫进行审判。[3] 城镇代表和郡代表这两个阶级往往代表着不同的地区，当他们代表相同地区、需要处理相同事务时，就有极大的可能性出现在同一个会场。通常，在这种情况下，大贵族和骑士会坐在前排，城镇和自治市代表则坐在后排。其实，自治市代表之间也并不是全无差别，来自国王古老领地的自治市代表对于一些特殊津贴具有独立的投票权，相对于同阶级的代表明显具有更高的地位。

两院制并不是得益于之后的制度，而是原来社会分层使得各阶级议员所代表的利益本身就不同，这些不同的利益才是造成议会议员分离的真正原因，即，因为他们本身在社会中就处于不同的层次，因此在议会中也处于不同的阶级。[4] 至少，在议会形成的萌芽阶段，由于社会分层所造成的议会分离的形势还很明显，此时那种真正代表社会共同体利益的代议民主思想并没有太大的意义。因为，在处理不同事务时，个别阶级的利益就是事务的关键性因素，他们足以参与政府的决策。他们的参与仅代表自己的

---

[1] John Cannon, *The Oxford Companion to British History*, Oxford: Oxford University Press, 2009, p. 30.

[2] A. Luders, ed., "The Statutes of the Realm: Printed by Command of His Majesty King George the Third," *in Pursuance of an Address of the House of Commons of Great Britain, From Original Records and Authentic Manuscripts*, 11 vols., London: Record Commission, 1810–1828, Vol. I, pp. 53–54.

[3] A. Luders, ed., "The Statutes of the Realm: Printed by Command of His Majesty King George the Third," *in Pursuance of an Address of the House of Commons of Great Britain, From Original Records and Authentic Manuscripts*, 11 vols., London: Record Commission, 1810–1828, Vol. I, pp. 56–57.

[4] Thomas Hinton Burley Oldfield, *The Representative History of Great Britain and Ireland: Being a History of the House of Commons, and of the Countries, Cities and Boroughs, of The United Kingdom, from the Earliest Period*, Vol. 5, London: Baldwin, Cradock, and Joy, 1816, pp. 72–74.

利益，各自处理相关的事务。例如，需要处理的事务与大贵族的利益相关时，或者当国王需要借助大贵族财力或军事力量的支持时，国王就会单独召集他们开会协商。如果是有关封建地产的性质的问题，就会再召集各郡的骑士代表。1290年英格兰爱德华一世通过的《封地买卖法》（Quia Emptores）主要由各郡骑士协商且投票通过，该法令禁止佃户将他们的土地转让给他人，并且要求所有希望转让土地的佃户都必须来这样做。该法令及其伴随的《权利开示令状》（Quo Warranto）法规旨在纠正土地所有权纠纷所造成的财政困难。[1] 如果涉及与商业有关的利益，国王就与城镇和自治市代表进行协商处理。由此可见，议会议员在处理不同事务时，会划分成不同阶级，不同阶级的协商和投票都是单独进行的。

这种议会议员分离的状态并没有延续太久，因为造成这种分离的社会分层正在逐渐淡化，最明显的是郡代表或者骑士阶级社会地位的转化。郡代表开始与贵族阶级决裂，与城镇和自治市代表联合。各郡骑士最初同大贵族一起协商并投票，是遵循封建法律的传统。他们作为国王的直系臣属，在理论上与大贵族有着平等的地位。但是，随着选举的推行，这种地位的平等便受到了威胁。对封建法律中关于骑士政治权利的淡忘，以及大贵族和骑士阶级本身在财富和社会地位上的不平等，使骑士与大贵族之间逐渐疏远。相比之下，郡代表与城镇和自治市代表都通过选举的形式参与议会，并且，他们往往都代表着特定地方的利益。城镇居民与农村土地所有者都处于各郡之中，从事着相同的事务，自然也主张同一或相同性质的地方利益。郡法院作为他们共同的政治

---

[1] Thomas Hinton Burley Oldfield, *The Representative History of Great Britain and Ireland: Being a History of the House of Commons, and of the Countries, Cities and Boroughs, of The United Kingdom, from the Earliest Period*, Vol. 5, London: Baldwin, Cradock, and Joy, 1816, p. 75.

中心，使骑士与自治市代表在议会政治上的利益逐渐统一，社会地位也逐渐趋于一致，也就促使了郡代表与城镇和自治市代表在议会中的联合。①

大贵族阶级作为国王议事会的成员，往往区别于任何通过选举产生的议员代表。由于他们地位尊贵，按照传统，他们以一种惯常的形式参与政府并处理公共事务，这是封建法律赋予他们的权利。而议会中的各郡代表与城镇和自治市代表仅仅是因为某种特定的原因或某项特定的事务，才能参与政府的决策。在这一点上，郡代表与城镇和自治市代表的政治地位是一致的，与大贵族却截然不同。但是，值得注意的是，虽然城镇和自治市代表与郡代表结成了联盟，但是前者在社会地位与政治影响力上仍不及后者。

因此，两院制的建立一方面包含了贵族院和下议院之间的区分，另一方面也见证了下议院中，骑士和自治市代表这两个不同因素的结合，他们合并为同一个大会，共同协商和投票，行使相同的权利。封建贵族的分裂对英格兰政治命运起到了决定性的作用。因为，单凭城镇和自治市代表本身并不足以形成一个下议院，他们还不具备足够的实力和地位。只有当自治市代表联合了骑士阶级，才能形成一个可以与国王、大贵族抗衡的下议院，并在日常的公共事务中逐渐提高自己的政治影响力。骑士是从贵族阶级中分离出来的，英格兰的下议院并不是单纯的平民阶层，而是与封建贵族阶级的部分结合，共同捍卫民众自由，这一点与法国不同。由于下议院与封建贵族分裂出来的一部分相结合，英格兰就没有也不需要利用下议院达到完全消灭传统的封建政治权力

---

① A. Luders, ed., "The Statutes of the Realm: Printed by Command of His Majesty King George the Third," *in Pursuance of an Address of the House of Commons of Great Britain, From Original Records and Authentic Manuscripts*, 11 vols., London: Record Commission, 1810–1828, Vol. I, pp. 59–63.

和特权的目的,也不必用新的民众自由替代它。① 另一方面,一直以来虽然有学者表示,在英格兰,贵族和平民的结合对王权形成了威胁,使得英格兰获得了自由,然而事实上,因为英格兰的大贵族并没有在自己的领地上建立政权的想法,再加上封建法律的约束,所以他们一直效忠于国王,是国王的盟友,给国王提供有力的支持和保护。同时,骑士作为封建贵族分裂出来的一部分,融入了平民的力量,形成了下议院,使平民拥有了足够的力量与国王和大贵族抗衡,以争取自由。而王权其实也一直从大贵族阶级中获得了应有的支持。议会分为两院,捍卫了民众自由。英格兰特有的社会环境,使得这个过程完成的方式十分温和。

接下来,笔者将探讨议会两院制是如何影响英格兰法制建设的,即理解立法权被划分为两院的原因。

在爱德华三世统治之前,英格兰政治的主题是大贵族和国王之间的关系问题。贵族一方面为了维护他们的权利,另一方面为了能占据最高统治权,希望形成以大贵族阶级为中心的国家政府。在贵族和王权的斗争面前,下议院处于次要地位,仅能作为某一方的辅助或工具,间接地参与国家政治事务。但是,爱德华三世统治以来,情况出现了转变。国王与贵族之间的冲突趋弱,贵族对国王的反叛几乎没有再出现,并开始与国王结成联盟。与此同时,下议院也成了一个强有力的集团,能够与以国王为中心、贵族为辅助的国家政府相抗衡。与大贵族不同的是,他们并未动用武力,而是采取政治诉求的方式提出意见,对国王滥用权力推行专制的行为提出抗议。下议院没有直接对国王进行抨击,而是将过错推到他周围的大臣身上,并通过强调议会负责制的原

---

① A. Luders, ed., "The Statutes of the Realm: Printed by Command of His Majesty King George the Third," *in Pursuance of an Address of the House of Commons of Great Britain, From Original Records and Authentic Manuscripts*, 11 vols., London: Record Commission, 1810 – 1828, Vol. I, pp. 69 – 74.

则来扩大下议院的影响力。下议院虽然开始强大,但并不代表他们想从国王和贵族的手里夺取统治权,他们既没有这样的想法,也深知不具备这样的条件和实力。他们开始认识和了解公民的权利问题,对国家行政事务也开始有了参与的意识,认识到自己对于管理公共事务的重要性。这种日益增长的权利意识,使得任何对个人政治权利的侵害,下议院都有能力和意识去抗衡。这种抗衡往往体现在下议院的请愿,或对税收问题的讨论和批准中。久而久之,他们在国家公共事务中的影响日益增加,成为国民议会和整个政治机构中必不可少的一部分,成为公民自由权利的守护者。[1]

关于大贵族与国王联盟、下议院逐渐强大的转变,本书还找到了更多的历史材料。

第一,议会定期、有规律地召开。在爱德华三世统治时期,即1327—1377年,一共召开了48届议会,基本上每年都召开一次。[2] 至1377年,终于形成了定制,即由下议院提出请愿,每年正式召开一次议会。有趣的是,爱德华二世时期,下议院曾请愿能够免去他们在议会中的工作。如果将这次请愿与爱德华三世时期的请愿相对比,会发现后一时期的下议院议员不再把参与议会看作一项职责或负担,而是维护自己利益、保障权利的方式。下议院促成议会定期召开,使得公共事务的讨论不再轻易地局限于贵族议事会的范围,事务的处理必须定期听取郡和自治市代表的意见,从而有助于扩大下议院的政治影响力。

1377年,一份议会卷宗还提及了托马斯·韩格尔福德爵士

---

[1] J. S. Roskell, Linda Clark, Carole Rawcliffe and Joel T. Rosenthal, "The History of Parliament: The House of commons, 1386–1421", *Medieval Prosopography*, Vol. 14, No. 2, 1993, pp. 135–158.

[2] Thomas Hinton Burley Oldfield, *The Representative History of Great Britain and Ireland: Being a History of the House of Commons, and of the Countries, Cities and Boroughs, of The United Kingdom, from the Earliest Period*, Vol. 5, London: Baldwin, Cradock, and Joy, 1816, p. 82.

(Sir Thomas Hungerford）成为首位下议院议长，负责向国王汇报或在整个会议中发言。在此之前只有在必要时才会选举一位议长，1377年之后，在议会召开之前便会任命一位议员担任这次议会的议长。①

第二，关于税收问题的协商和批准，是对王权一个相当有力的制约。爱德华三世统治时期，存在不少随意的、不合法的税收。国王总是会以一些间接的形式获取对公民随意征收税金或特殊津贴的权力，或者尝试避开下议院的批准。而下议院从未停止向国王抗议这种行为，努力维护"未经同意不得征税"这一原则。当他们拒绝未经同意而强征的税款时，国王要么借助于领主的同意以规避下议院的批准，要么口头承诺将缩短征收期限。总之，直到下议院以拒绝承认新的合法特殊津贴为要挟，要求取消某一项不合理的税收时，国王才不得不做出让步。下议院的抗衡虽然不能完全挫败国王任意征税的行为，却能及时揭露国王的图谋，致使他以后采取类似行为时变得更加谨慎以致最终消失。

除此之外，下议院也在不断拓展自己的权利。为了保证国家所征税款的安全性，议会会派专人检查税款的去向和用途。1340年，议会就曾质疑所征收的部分特殊津贴的去向，它们很有可能没有进入财政署，便派专人进行审查。② 由此，议会正式获取对国家财政支出的审计权，并对一些特殊津贴设置专款专用的条

---

① A. Luders, ed., "The Statutes of the Realm: Printed by Command of His Majesty King George the Third," *in Pursuance of an Address of the House of Commons of Great Britain, From Original Records and Authentic Manuscripts*, 11 vols., London: Record Commission, 1810-1828, Vol. I, pp. 76-81.

② A. Luders, ed., "The Statutes of the Realm: Printed by Command of His Majesty King George the Third," *in Pursuance of an Address of the House of Commons of Great Britain, From Original Records and Authentic Manuscripts*, 11 vols., London: Record Commission, 1810-1828, Vol. I, pp. 85-87.

件，以确定用途和去向。例如，1354年议会所批准的羊毛税的附加条件就是仅用于战争，不能另作他用。但是，由于当时还没有完善的机制和运算方法对收入和支出进行有效统计，所以，国王和议会常常因为在特殊津贴用途问题上的争吵而导致"误算"。

第三，下议院参与立法。通常，法规之首会声明以下内容："在下述议会会议上所制定的法规，是由王国百姓在国王和他的议事会面前请愿提出的，经主教、伯爵、贵族或领主等协商并同意。"[1] 这些声明印证了下议院参与国家立法的事实。从声明中还可以看出，下议院参与的方式并不是直接投票，而是由下议院代表提出请愿，经教、俗两界贵族和领主协商，然后由国王将其决议转化为法令。因此，下议院在请愿中提出的要求并不总能得到满足，在法官或私人议事会起草法令的过程中，往往会对请愿中的内容进行一些改动。同时，下议院的请愿也并不是都能转化为法规（statutes），还有一部分通常被转化为条例（ordinances）。[2] 二者的区别在于，法规具有永久性，是被记录在议会卷宗之中的，而条例只是临时性的。虽然二者都是针对具有法律意义且关系到全体公民利益的事，但是条例在稳定性上略逊一筹。贵族往往倾向于把请愿转化为条例，以便日后修改。

与议会起源说类似，英国议会两院制的起源问题主要有"起点论"和"过程论"两种观点。持"起点论"的学者对起点时间有三种不同看法，如朗福德勋爵在《英国上院》中提到的"1332年说"[3]，麦金塞克在《十四世纪，1307年—1399年》中提到的

---

[1] [法]弗朗索瓦·基佐：《欧洲代议制政府的历史起源》，张清津、袁淑娟译，复旦大学出版社2016年版，第441页。

[2] A. Luders, ed., "The Statutes of the Realm: Printed by Command of His Majesty King George the Third," *in Pursuance of an Address of the House of Commons of Great Britain, From Original Records and Authentic Manuscripts*, 11 vols., London: Record Commission, 1810–1828, Vol. I, p. 88.

[3] Frank Pakenham Longford, *A History of the Honse of Lords*, London: Collins, 1988, p. 32.

"1341 年说"[①] 以及周一良、吴于廑在《世界通史》教材中提到的"1343 年说"[②]。这三个分别是议会发展进程中贵族代表与平民代表分开讨论的时间节点,"起点论"学者将之作为上、下议院建立的标志。持"过程论"的学者通常认为议会两院的议事制度与其他政治制度相同,并非一朝一夕建立而成,而是在漫长的发展过程中逐渐完善并获得认可的。[③] 笔者认同折中的观点,即两院制的形成是一个逐渐发展的过程,但同时需注意一些重要的时间节点所发生的历史事实对其形成的推动作用。

13 世纪中后期,中小贵族和市民代表已经陆续在议会中获得出席的资格,出席频率的提高使得议会逐渐趋于平民化。在 1259 年之前,未有记载表明骑士和市民议员作为同一阶级代表共同出现在议会中。按照惯例,各成员按照大贵族、神职人员、骑士和市民代表依次就座。久而久之,他们常坐在一起形成一个相对固定的团体。毕竟,大贵族、高级神职人员与平民代表所来自的阶级不同,各自关心的侧重点难免有别。一些教会代表不屑于理会世俗事务,对世俗贵族和市民代表所讨论的凡尘俗事不感兴趣,仅着眼于教会内部事务。教会中的高级教职人员,如大主教、主教和修道院院长等,因其本身也是大封建主,遂与王室的达官显贵交好,与大贵族共同组成贵族院,在某种程度上藐视骑士及平民代表。作为贵族底层的骑士阶层,在那时大多通过缴纳免役税来免除对国王或大贵族的军事义务,使得更多的底层贵族演变为工商业者,同城市普通工商业者和市民阶级的利益相近。[④] 因此,议会在发展进程中已经不可避免地出现了"人以群分"的情况,

---

[①] M. Makisack, *The Fourteenth Century 1307–1399*, London: Oxford University Press, 1985, p. 190.
[②] 周一良、吴于廑:《世界通史(中古部分)》,人民出版社 1972 年版,第 172 页。
[③] 阎照祥:《英国政治制度史》,人民出版社 2012 年版,第 41—42 页。
[④] 阎照祥:《英国政治制度史》,人民出版社 2012 年版,第 53—55 页。

两院制的建立势在必行。早在 1332 年，贵族和平民代表就有了分院讨论议事的先例，在这之后又重新合并为一院。这个偶然之举也说明议会两院制的形成是在妥协和协商的过程中逐步完善起来的，或者说两院制的形成本身就是市民阶级同贵族阶级协商并相互妥协的产物。中小贵族和市民阶级的加入使得议会内部出现了阶级分权，他们虽然与大贵族所代表的利益不同，却也随着社会的发展不断壮大，在议会中逐渐形成可以与之抗衡的力量，不容忽视。尽管城市代表在议会中的社会等级较低，但是经常受到国王召集自然也会对议会组织产生一些影响。作为议员代表，他们同样有资格并必须回答国王可能提出的有关批准税收以及若干国家内政外交问题。议会使市民代表和大贵族阶级作为不同的群体却要共同议事，二者因为代表的阶级利益不同所讨论的重点也不同，因此，市民代表一旦与贵族分离，这些代表将更自由地表达他们的政治观点，从郡法院、自治市议会和教会理事会中吸取相当重要的政治经验。这将更有助于发挥议会代表机制的作用，使得城市所选派的地方代表能够真正维护其所代表阶级的利益，与贵族阶级共同行使社会共同体的政治权力，避免市民阶级总是处于从属地位。两院制的形成很好地中和了社会力量的变化在议会中的矛盾，是贵族阶级对于平民政治地位提高做出的妥协。

对于国王向议会提出的要求，上、下两院需举行联席会议共同向国王汇报议会磋商的结果。一般情况下，联席会议由上院和下院代表组成，上院会提名 9—12 名上院代表出席会议，其中世俗贵族所占比例通常大于高级教士，同时，下院也会选举 6—9 名代表参加联席会议。会议根据国王对议会提出的要求确定议题，议题主要涉及赋税以及若干国家内政外交问题。若不能达成一致将约定时间再次会晤。由于上院和下院所代表的利益团体有所不同，往往要进行多次磋商后意见才能达成一致，如 1373 年的联席会议长达6天才结束。^① 联席会议的召开地点最初是在御前大臣的办公场所，后来改在议会的下院会场"壁画大厅"，这也是后来下院会场迁至威斯敏斯特宫的小教堂的原因。^② 两院联席会议的决议结果会在白厅向国王汇报，通常由上院全体人员以及下院的25—30名代表出席。

上、下两院的协商和信息交流主要由上院12名贵族和下院12名代表组成的协商会议负责，下院的运行也是由协商会议的代表主持。下院会推选思维灵敏、颇具辩才的骑士代表为下院发言人，将下院的讨论情况和诉求呈报给国王和上院贵族。总体来说，上院的地位明显比下院显要，上院贵族具有同国王协理政务的权力，可对政务要事提出建议，同时还具有高级司法审判权，作为最高上诉法院的上院可以审理全国范围内的上诉案件，包括对贵族叛国罪等在内的重罪的审判。[3]

批准国王征税是英国议会召开的主要目的，故以赋税政策的调整为例阐述两院的运行机制。除动产税外，14世纪议会还批准了国王征收教区税和人头税两项直接税，这两项税收是为了调节因1334年将纳税数量固定下来导致的各地实际负担的税率不均衡问题。因为当时镇和市作为纳税基本单位所要承担的估算任务过于繁重，所以在1334年将该年的纳税数额作为动产税的纳税数量固定下来。但是后来因为各地发展不平衡，使得固定数额在不同地区的当年全部财富中的比例相差甚远，议会提出的人头税要求较富裕的地区应多负担，较贫困的地区酌情减少，是为了解决动产税带来的矛盾。但事实上仍然增加了纳税人的负担。下院是人头税的主要征收对象的代表，相比之下，上议院中的大贵族和高

---

① G. Edwards, *The Second Century of the English Parliament*, London: Oxford University Press, 1979, p. 11.
② 沈汉、刘新成：《英国议会政治史》，南京大学出版社1991年版，第61—63页。
③ 阎照祥：《英国政治制度史》，人民出版社2012年版，第51—53页。

级教士，更多是代表个人，受人头税影响较小。因此，在人头税的征收问题上，体现了两院的运行机制以及下院的地位和作用。例如，在1380年的会议上，国王阐述了征收赋税的理由之后，提出16万英镑的税收要求。上院在讨论后分别提出征收人头税、商品税和动产税三种方案，并表示由于当时社会中已对征收动产税颇有抵触情绪，再加上商品税的征收需要一个过程，所需时间太长，上院最终建议征收人头税。下院在上院建议的基础上展开讨论，表示同意征收人头税，但是对征收的数额提出缩减，要求缩减至10万英镑，并且将其中的三分之一交由教士负担。同时，下院还规定具体的纳税标准，每个世俗人士交12便士（之前上议院提出的是16—20便士），富人和穷人酌情增减，最高不得超过240便士，最低不得少于4便士。[①] 下院的决定获得了上院和国王的同意。整件事情表明，在征收赋税的问题上，下院起主导作用，上院可以提出建议供下院参考，但最终是否被下院采纳以及具体的征税实施细则是由下院决定的。下院作为中小贵族以及市民代表，一旦在议会中做出决定，他们所在的地区就必须服从。其实不仅是人头税，各种税项征收的主体对象都是全体人民，国王在征税问题上如果失去下议院的合作，也就没有获得财政支持的基本保障。因此，在14世纪90年代之后，批准赋税的法规中不再有"经上、下两院批准"的表达，而变成"在征得上院同意后，下院批准"。

  人民在赋税征收问题上的态度体现了代议民主思想的觉醒。从1337年百年战争开始，庞大的军费开支使得批准国王征收赋税成为英国议会召开的主要目的。以关税为例，它作为动产税的间接税，14世纪以前只要在获得商人同意的情况下，国王就能征收

[①] G. Edwards, *The Second Century of the English Parliament*, London: Oxford University Press, 1979, pp. 40 – 42.

关税，不需要经过议会的批准，仅是议会外的一种协商结果。但是国民逐渐意识到，事实上商人是把税务通过生产和销售的方式转移到小生产者和消费者身上。因此，14世纪以后，人们指出关税的征收涉及全体民众，并以全社会的名义请愿，关税征收不能仅凭议会外同商人的协商而定，而应取得全民的同意，即在议会中获得批准。① 关税的例子表明，民众的要求中已经孕育代议民主思想的萌芽。首先，商业的发展使国民更有话语权，也就更有胆量和资格提出那些涉及社会共同体利益的问题。其次，民众进一步提出了"涉及众人之事应由众人决断"的要求，既然关税的征收涉及全体民众，就必须经过议会的批准，以示取得全民同意。

第五节 王权与议会

在中西方比较视野下，西欧中古社会王权羸弱已成为毋庸置疑的事实。② 日耳曼入侵欧洲大陆后，法兰克王国在其存在的近5个世纪中，成为西欧最重要的国家。但是，王权在克洛维时期展现出短暂的生机之后，他的子孙将王国瓜分为三个地区，王室本身的征战，再加上各路诸侯的势力，使得王权陷入了颠覆的边缘。查理帝国分裂之后，法兰西、德意志和意大利陷入了长期的封建割据状态。首先，进入加佩王朝的法兰西在这一时期存在着50多个大领地，这些大领地通过层层封授又分化成许多个中等领地和小领地。在这种封建割据的背景下，国王的领地仅局限于罗亚尔河和塞纳河中游地区。自10世纪起，法兰西国王的领地被称

---

① G. Edwards, *The Second Century of the English Parliament*, London: Oxford University Press, 1979, p. 16.
② 顾銮斋:《西方宪政史（第一卷）》，人民出版社2013年版，第215—228页。

为"法兰西岛",以形容领地的势单力薄、王权的孱弱无力。① 在中古时期的大部分时间,德意志基本上徒有国家之名,无国家之实。帝国之中存在着近百个亲王封国、公爵封国等贵族领地,同时还有郡县、帝国自由城市、主教国及教会领地。这些诸侯国各自为政,相互之间关卡严密,形式上相当于一个政治联盟,且成员国之间呈较为松散的态势。② 意大利的情况大致与德意志类似,或者说更甚。意大利在形式上也不存在类似于国王或皇帝这样的中央集权,是由教皇国和许多城市共和国组成,这加剧了意大利的割据状态。

反观英国,虽经盎格鲁-撒克逊人、维京人直至诺曼人的征服,但并不致出现较大分裂。相比较而言,英国王权最初就比较强大。从14世纪20年代到都铎王朝的形成,这段时间被称为"等级君主制时期"。③ 等级君主制是封建君主通过等级代表会议实现统治的政体形式,虽然等级君主制在英国是为封建统治阶级服务的工具,却是代议民主思想在中世纪的早期实践,由社会各等级或团体选派的代表组成的机构行使共同体的政治权力,特别是立法权和征税权。王权与议会之间的平衡实际上就是国王与人民、国王与贵族之间相互较量、相互制约的结果。

等级代表会议有骑士阶级和市民代表的加入,分为上、下两院,但是主导力量始终是上院,下院总体来说服从于上院并受其控制,这导致许多提案看似由下院提议,事实上却由上院拟定。同时,上、下院议员拥有的财富十分悬殊。威尔金森在《中世纪英国宪政史》中提到,大约在15世纪中期,上院议员人数80—90名,年收入总额为4.4655万英镑,而下院议员数万,年收入

---

① 顾銮斋:《西方宪政史(第一卷)》,人民出版社2013年版,第215—216页。

② Kitchen Martin, *The Cambridge Illustrated History of Germany*, Cambridge: Cambridge University Press, 1996, p. 117.

③ 沈汉、刘新成:《英国议会政治史》,南京大学出版社1991年版,第53—54页。

总额仅达到15.1万英镑,其中有1万人年收入仅40先令。[①] 议会对于国王来说在某种意义上意味着税收的来源,这使得下院不具备与上院抗衡的资格。除此之外,基于种种原因,在英国,大贵族借助对议会的实际操纵权扩大了自身的政治权力,等级君主制最终成为大贵族限制王权的工具,也就是说,大贵族作为议会的主导力量与王权形成了相互抗衡的局面。因此,英国议会的建立并不是王权不断强大的过程,反而使王权不断受到约束。

议会是大贵族参政议政的重要途径,同时也是社会各等级选派代表共同议事的机构。14世纪,内府和咨议会是国王实现行政统治的两个并行系统。其中,内府的核心是国王,主要掌管"王室事务"。咨议会由御前会议演变而来,以大贵族为主要成员,掌管"国家事务"。内府代表着国王的利益,咨议会代表着贵族的利益,尤其是大贵族。王权与议会之间的矛盾首先避不开内府和咨议会的较量。大贵族认为咨议会可以直接对议会负责,议会有权解除咨议会成员的职务并有权对内府官员的不当行为进行审判,即咨议会(或者说是议会的上院)对行政有监督和控制权。但是国王认为任免政府大臣的权力应该只属于国王个人,咨议会和议会都无权参与决定,实际上就是否认他们对政府的监督权。双方不同的观点和立场是王权和议会冲突的前兆。

至14世纪,贵族通过议会两次废黜了国王,分别是爱德华二世和理查德二世,并取得行政监督权和司法审判权,将国王塑造成为"议会中重要的一员"而不是凌驾于议会之上。这两次弹劾是议会限制王权最具说服力的表现,笔者以这两次弹劾为例重点论述代议民主思想实践早期王权与议会的较量。

先从爱德华二世被弹劾之前说起。当时大贵族和国王的矛盾

[①] B. Wilkinson, *Constitutional History of Medieval England*, London: Longman, 1963, pp. 292–293.

激化的原因在于，以兰卡斯特伯爵为首的大贵族不满国王过分依附内府管理政务，大到发动战争，小到购置宫廷所需，事无巨细由内府决定，于是发动叛乱处死国王宠臣，咨议会暂时占优势。随后国王仰仗姻亲还击咨议会，打击叛乱贵族并处死兰卡斯特伯爵，引起大贵族的不满，国王被废黜的序幕由此拉开。1327年，在大贵族一致不满的前提下，开创了首次国王不在场但却自行召开的议会。这次议会通过了由温彻斯特主教发布的《斥国王书》，这份文书实际上是议会上院的弹劾提案，历数了国王以往种种背叛加冕誓言精神的罪行并提出废除国王立其长子为王，同时还称若国王拒绝退位将废除王室继承权另择其他家族之人。强硬态度可见一斑。最终，爱德华二世不得不接受退位。[①] 大贵族的强硬并非没有依据的蛮横，事实上，整个议会过程是根据弹劾法规通过提案的方式废黜国王，不但体现了法律至上以及"王在法下"的法治观念意识，并且，根据代议民主思想，王权原本就是来自人民政治权力的转让，但人民仍保留着对它的所有权以及终极控制权。人民具有"可以从国王处收回政治权力"的权利，即议会有权弹劾国王，而议会此时在英国主要由上院主导，受大贵族控制。这一事件也奠定了爱德华三世的统治势必以寻求与大贵族合作为基调，议会对行政的监督和控制权有了保障，同时还加强了议会的司法权。虽然议会在建立初期便在名义上具备了审理重大案件的权力，但是当国王和贵族处于相互抗衡的对立面时，双方都不相信议会能够做出公正的审判。到了爱德华三世时期，议会逐渐作为最高法庭对几名高级官员进行判决，议会的判决虽然事实上受上院主导，但在名义上代表着由社会各阶层代表组成的社会共同体，因此在当时议会对重大案件的审判也就相当于公民的公审。

---

① M. Makisack, *The Fourteenth Century* 1307 – 1399, London: Oxford University Press, 1985, pp. 88 – 89.

但是，议会并非一直处于上风，它与王权之间的较量还在继续。在爱德华二世被弹劾的 70 年后，历史重演，议会宣布废黜理查德二世并列举了国王的 33 条罪状。①有别于爱德华二世，理查德二世被弹劾的原因并不在于昏庸无能，而是国王的专制与独裁统治激怒了大贵族，他试图凌驾于议会之上甚至设法将议会搁置。14 世纪末期，理查德二世的专制统治达到顶峰，首先，他要求获得羊毛和皮革关税的终身征收权，在此之前，国王虽然享有征税权，但是权利时限为 1—6 年，期限临近时需重新召开议会讨论。理查德二世迫使议会取消了这种对国王征税权期限的控制。其次，理查德二世在议会中挑选 18 位自己的亲信，设置了 18 人委员会并授予其在司法、立法等方面的权力，试图利用委员会取代议会，并通过对委员会的控制将国家权力全部掌握在自己手中，从而屏蔽议会对国王的发难，彻底摆脱议会。基于这两点，最终以理查德二世霸占兰卡斯特家族领地为导火索，促成了上、下议院联合起来又一次按照法律进程弹劾国王的事件。事实上，这次弹劾正是王权走向鼎盛，然后由盛及衰的转折。

在两次弹劾之间，国王并非一味迁就大贵族以寻求与议会的合作，双方的势力随着外在条件的变化也时有波动。例如，百年战争的爆发激起了英国人的民族情绪，使得人们更加团结，更愿意承认自己与其他国人是一体的。一体也就意味着统一，有利于国王的集权统治，即王权的加强。这直接体现在当时的爱德华三世想要趁机摆脱议会，通过向商人开出各种有利条件越过议会直接向商人征税。国家的下级和地方的各行政部门原本由咨议会的大法官负责监管。②此时，国王借战争之机越过咨议会，意欲直

---

① B. Wilkinson, *Constitutional History of Medieval England*, 1216 – 1399, London: Longman, 1963, pp. 73 – 75.
② 沈汉、刘新成：《英国议会政治史》，南京大学出版社 1991 年版，第 65—68 页。

接监管各级行政部门。1340年，爱德华三世想要将坎特伯雷大主教约翰·斯特拉特福德撤职并遣往国外当人质，被斯特拉特福德拒绝并要求召开议会，经由同级贵族审判，否则便违反了国家的惯例，国王迫于无奈只得召集议会。惯例的形成本身暗含着"共同同意"之意，体现了"政治权力来源于公民共同体"的代议民主思想。由于斯特拉特福德是高级教士，接受同级贵族审判意味着仅受上院的审判，连国王刻意安插进来的内府成员都被驱逐出会。同时，阿伦德尔在会中再次强调，"除了上院，任何人无权审判大贵族"[1]。

在英国，大贵族作为议会的主导力量与王权相互抗衡，途径有二。第一，议会拥有对行政的控制权和监督权，国王不能恣意培养自己在政府中的势力。这个概念最早在1340—1341年下议院的请愿中就已提出：议会有权参与决定政府职务的任免并接受大臣的述职，遇大臣渎职行为有权审判。但在当时由于缺乏责任内阁制的政治基础，还不能完全将此请愿付诸法规。直到1388年，通过对理查德二世相关亲信的全面清洗，议会对行政的控制权和监督权已经具有实质性意义。第二，只有议会才有权对贵族进行审判。正如上文"斯特拉特福德案"例，议会作为国家最高法庭，旨在将国王塑造为"议会中的国王"，因此，对于贵族重臣的审判往往牵扯国家内部不同势力的角逐，不能仅凭国王一人之词或由国王掌控的王室法庭做出判决。议会独立于王权，议会的裁决需要获得国王的同意，但议会并不会以国王的意志为中心进行审判。这也是避免国王恣意安插亲信、排除异己、走向专制的手段之一。

关于王权，根据布拉克顿的理论，英国国王没有也不应该拥

---

[1] J. E. Powell and K. Wallis, *The House of Lords in the Middle Age*, London: Weidenfeld & Nicolson, 1968, pp. 51–52.

有任何超越人权的权力，否则他将缺乏帝国权（imperium），即"平等者之间无统治权"（Par in parem non habet imperium）[①]。这一说法对有些读者来说可能难以理解，甚至有人断言这句话与布拉克顿之前的理论相矛盾。实际上，并没有这样的矛盾。布拉克顿在《英格兰法律和习俗》（Bracton on the Laws and Customs of England）中所表达的意思是：尽管国王较普通公民具有优势，但当他作为诉讼的原告时，没有任何特权，法官必须做出判决。[②]可以看出，布拉克顿以司法权的公平与正义的原则，向我们解释了国王的权力应该被约束在合理、合法的制度范围内，而不应该是毫无限制的王权。

沃尔特·伯利（Walter Burley）作为中世纪英国经院学派的学者，是14世纪初期最杰出的哲学家之一，他关于亚里士多德《政治学》的八条评述（大约发表于1338—1343年）中就有与国王和议会相关的讨论。[③] 这部著作在中世纪后期广为流传。评述中的两个段落引起了学者对文本历史维度的关注和讨论。在对亚里士多德《政治学》的分析中，他探讨了"法律主权"问题。具体来讲，亚里士多德的文本中有一个明显的矛盾，即人民应该享有对其领导者的审判权，但在另一处却又声称"一个或多个统治者应享有至高无上的权力"。伯利试图这样解释亚里士多德的矛盾："即使是君主制，也不是由一个独立于一个民族的某个个人的规则来构成，在国王以外仍有许多规则、许多人来限制国王的权力。"在这里，伯利所谓的"规则"可以理解为宪法，"许多人"可以理解为王国中由贵族和智者组成的贤人会议、封建法庭

[①] Fritz Schulz, "Bracton on Kingship", The English Historical Review, Vol. 60, No. 237, 1945, pp. 136 – 176.

[②] Samuel E. Thorne, Bracton on the Laws and Customs of England, Vol. 2, New York: The Belknap Press of Harvard University Press, 1997, p. 23.

[③] Lowrie J. Daly, "The Conclusions of Walter Burley's Commentary on the Politics, Books V and VI", A Journal for Manuscript Research, Vol. 13, 1968, pp. 142 – 149.

及后期发展较为成熟的议会机制。结果，伯利认为，这种由国王、贵族及智者所组成的集会，它的统治权应该大于国王本人。当然，国王在困难的情况下召集会议，也是为了加快繁重事务的处理效率，让国家政务的讨论更加开放。①

总而言之，国家的大小事务不能仅以国王意志为转移。议会在某种程度上可以代表人民，尽管是间接地让他们参与国家事务的管理。14世纪中叶，英国议会已经成为正规且具有广泛代表性的机构。君主制下的法官必须通过议会来处理和解决各种案件。同样，君主制也并非一个人的统治，而是君主与自己领域中重要而有智慧的人，通过议会制度享有对国家大小事务的最高级别的处理权。

---

① Cary J. Nederman, "Kings, Peers, and Parliament: Virtue and Corulership in Walter Burley's Commentarius in VIII Libros Politicorum Aristotelis", *Albion*, Vol. 24, No. 3, 1992, pp. 391–407.

结　语

　　英国中古后期的代议思想及其实践的历史是西方宪政史学的组成部分。中国学者顾銮斋在《西方宪政史》中将宪政总结为"一个关于人民、宪法和政府三者之间的关系的概念"[①]。具体来说即人民制定宪法，通过宪法设置政府；人民通过宪法授予政府权力，因而政府权力是有限的。由于中古时期历史条件的限制，还未形成如近现代一样、系统的、可以称为"政府"的机构。所以，中古时期代议思想更多描述的是人民与国王、教会，社会共同体的公共权力与王权、教权之间的关系。根据代议思想，社会共同体始终是政治权力的基础和来源，因此，如"人民通过宪法授予政府权力"一样，在中古后期，人民也是通过代议制度（或许在中古时期尚未成熟）授予国王政治权力，因而人民仍保留着对政治权力的所有权及终极控制权，即可以收回赋予国王的政治权力。代议思想及其制度是宪政思想及其制度中一个重要的分支。基佐曾经将代议思想的根本原则总结为有秩序的自由，每个国家虽然有不同的起源和命运，也会以多种途径实现正义和自由，而代议制度是体现一个国家正义、自由和民主的最普遍

[①] 顾銮斋：《西方宪政史（第一卷）》，人民出版社2013年版，第3页。

结 语

的形式。

通过探究代议思想在国家管理机构中的影响，以及古典文化、基督教文化和日耳曼文化中"代议因子"的生长等问题，笔者认识了"温和"的君主立宪制得以在英国确立的历史根源。英国这种"温和"的方式孕育在国王与贵族、国王与平民、贵族与平民之间的关系和联盟之中，贤人会议、封君法庭的建立和运行，使正在兴起的王权没有朝着绝对权力的方向发展。在教会系统中，国家在接受基督教时，也声称必须经过平民的同意。同时，教会内的争端问题由教会内部集会解决，与国家事务的处理分属两套系统。教会集会虽然有时请国王主持以示权威性，但是国王在主持过程中也只能根据讨论的情况顺势而为，并没有决定性权力。国王对于主教虽享有"间接"任免权，但对于教会在宏观层次上的争端，如教令、教训及教派上的分歧等，则基本上无权干预。王权在兴起的过程中受到诸多制约，难以朝着极权的方向发展。

代议思想的萌生始终与自由问题息息相关，中古时期教会学者进行了诸多思考和论证，归纳而言，主要是从自然权利、财产自由权和政治自由权等方面进行阐述。在自然权利问题上，以塔纳利斯、马西利乌斯、奥卡姆和根特的亨利为主要代表，他们认为，自然权利是人的最基本的自由权，人对自然权利的享有是自由的主要标志。其中，财产所有权是自然权利的重要内容，人对财产所有权的自由权不仅是自然法的内在要求，而且要以法律的形式加以规定和保障。在财产自由权问题上，奥卡姆和阿奎那都认为人对财产及其所有权的享有是自然法赋予的基本自由权利，任何对个人财产及其所有权的侵害和剥夺都有违自然法。在政治自由权问题上，马西利乌斯和布鲁尼从人民立法者的视角论证了人民享有政治自由的重要性。他们认为，人民享有政治自由权的主要表现是有权选举统治者和选择国家政体形式，人民通过所拥有的立法权表决与自己利益相关的事情，这是人民享有政治自由权的基本要求。由中古教会学者对自由的思考和论述可见，自然权利、财产自由权和政治自由权都是人的最基本的自由权。中古教会学者对自由及自由权的阐述促进了中古民众对自由的维护和对违背自由的反抗，对中古时期乃至此后欧洲（尤其是英国）各国代议民主制的形成产生了重要影响。

　　回到中古时期背景下，伴随着西罗马帝国的瓦解，日耳曼民族必须尽快从部落时代的"野蛮"中走出来。由于他们的领袖还没有完全从原始蒙昧的状态进入开化文明的水平，所以，他们在继承传统和习俗之余，还必须借鉴古希腊罗马文化，并且从基督教和《圣经》中汲取相应的政治理论营养。在古希腊罗马文化、日耳曼文化和基督教文化的整合过程中，逐渐形成了有关代议思想的理论体系和制度设计，其中有一些已经颇具近代性质的政治意识。总体来讲，社会共同体所必需的民权意识、公共权力意识、公民意识和宪政意识对代议民主思想的理论体系和制度设计尤为重要。民权意识意味着人民开始对权力来源问题进行理性思考。公共权力意识是对王权的制衡，以避免王权向个人主义或者极权方向发展。代议民主思想主张"王权源于人民权力的转让，但人民仍保留着对它的所有权以及终极控制权"，即主张将王权视为公共权力。因此，国王在行使权力时不能随心所欲，要为了实现正义和维护社会共同体的共同利益而作为，王权的正义来源于共同体所拥有的正义观。一旦国王违背了社会正义，人民将有权收回他的权力。

　　源自古希腊罗马文化的公民观念，以自然法和天赋平等为核心思想，为中古教会学者以及罗马法学家留存了古代公民意识的文化遗产，构建了中古公民意识的理论基础，也为中古后期代议思想的萌发准备了理论土壤。"共和国是人民共同的事业"，西塞罗的这一观念让人们相信，只有人民对国家和社会有一种出于本

结 语

能的责任感，才能更好地履行自然法和自然权利赋予人民的政治权利。不论是法律条文的增减，还是选举统治者，公民都应该参与其中。政治权力的最终来源是公民共同体，因此，权力已经被看作公民的事。古希腊罗马文化为公民意识留下的丰富遗产，为中古民众参与公共事务奠定了基础，更好地满足了代议民主思想"涉及众人之事应由众人决断"的原则。并且，在中古时期特殊的神权政治背景下，世俗国家中的政治原则和基督教世界的宗教原则存在"通约"关系。公民意识既可以运用到世俗国家，也可以在基督教世界发挥作用。

毋庸置疑，代议精神在英国中古时期就已经有了相当程度的根基，中古时期从古希腊罗马文化中所继承下来的政治文化遗产，从日耳曼文化中继承下来的民族习惯以及从基督教文化中所学习的宗教事务管理模式，对英国中古后期代议思想的萌发都具有重要价值。中古思想家以自然法和自然权利为基础，以"共同同意、共同利益和共同需要"为原则，构建了代议思想的理论基础。由此出发，中古后期代议思想的基本内容主要包含四个方面。第一，社会共同体是政治权力的最终来源，这种对共同体的至高无上性的承认、对公共价值的正义性的承认，是形成中古时期代议思想的前提。第二，王权源于人民权力的转让，但人民仍保留着对它的所有权以及终极控制权。这一点很好地解释了人民与国王的关系从来就不是建立在国王对人民的统治上，而是建立在共同维护正义的契约之上。法律是对共同之正义的完备表达，无论是人民还是国王都必须遵守。不遵循"王在法下"原则的国王不会得到人民的承认。第三，公共权力的使用应以社会共同体的同意为基础，"关涉大家的事需得到大家的同意"应成为立法、建立政府及其他政治决策的基本原则。"涉及众人之事应由众人决断"是一条传统原则，也是代议思想的理论基础。法律制定、君主选举、国家征税以及教会事务等，中古时期的许多事件中都渗透着"共同同意"的观念。第四，由各等级或社会团体选派的代表组成的机构能够行使共同体的政治权力，特别是立法权和征税权。概而言之，中古后期的代议思想与实践，为后世代议思想的发展和制度实践奠定了重要基础。

参考文献

一 专著

（一）中文

高仰光：《〈萨克森明镜〉研究》，北京大学出版社 2008 年版。

顾銮斋主编：《西方宪政史》，人民出版社 2013 年版。

金炳华主编：《哲学大辞典（修订本）》，上海辞书出版社 2001 年版。

马克垚：《西欧封建经济形态研究》，人民出版社 1985 年版。

马克垚主编：《世界文明史》，北京大学出版社 2004 年版。

钱乘旦、许洁明：《英国通史》，上海社会科学院出版社 2015 年版。

沈汉、刘新成：《英国议会政治史》，南京大学出版社 1991 年版。

魏凤莲：《古希腊民主制研究的历史考察》，山东大学出版社 2008 年版。

徐大同：《西方政治思想史（第二卷）》，天津人民出版社 2005 年版。

阎照祥：《英国政治制度史》，人民出版社 2012 年版。

翟志勇主编：《代议制的基本原理》，中央编译出版社 2015 年版。

周一良、吴于廑：《世界通史（中古部分）》，人民出版社 1972 年版。

（二）中文译著

［英］《盎格鲁－撒克逊编年史》，寿纪瑜译，商务印书馆 2004 年版。

［英］保罗·福拉克主编：《新编剑桥中世纪史（第一卷）》，徐家玲等译，中国社会科学出版社 2021 年版。

［英］比德：《英吉利教会史》，陈维振、周清民译，商务印书馆 1996 年版。

［美］布莱恩·蒂尔尼、西德尼·佩因特：《西欧中世纪史》，袁传伟译，北京大学出版社 2011 年版。

［意］但丁：《论世界帝国》，朱虹译，商务印书馆 1985 年版。

［法兰克］都尔教会主教格雷戈里：《法兰克人史》，［英］O. M. 道尔顿英译，寿纪瑜、戚国淦译，商务印书馆 2012 年版。

［法］弗朗索瓦·基佐：《欧洲代议制政府的历史起源》，张清津、袁淑娟译，复旦大学出版社 2016 年版。

［英］哈耶克：《自由宪章》，杨玉生、冯兴元、陈茅等译，中国社会科学出版社 2005 年版。

［英］J. H. 伯恩斯主编：《剑桥中世纪政治思想史：350 年至 1450 年》，郭正东、溥林、帅倩、郭淑伟译，生活·读书·新知三联书店 2009 年版。

［俄］科瓦略夫：《古代罗马史》，王以铸译，生活·读书·新知三联书店 1957 年版。

［法］卢梭：《社会契约论》，李平沤译，商务印书馆 2011 年版。

［意］尼科洛·马基雅维里（利）：《君主论》，潘汉典译，商务印书馆 1985 年版。

［意］尼科洛·马基雅维利：《马基雅维利全集》，潘汉典、薛军、王永忠等译，吉林出版集团有限责任公司 2013 年版。

［意］帕多瓦的马西利乌斯：《和平的保卫者（小卷）》，殷冬水、曾水英、李安平译，吉林人民出版社 2011 年版。

[美] 乔治·萨拜因：《政治学说史：民族国家》，邓正来译，上海人民出版社 2015 年版。

[意] 萨尔沃·马斯泰罗内：《欧洲政治思想史：从十五世纪到二十世纪》，黄华光译，社会科学文献出版社 1998 年版。

[古罗马] 塔西佗：《阿古利可拉传日耳曼尼亚志》，马雍、傅正元译，商务印书馆 1959 年版。

[意] 托马斯·阿奎那：《阿奎那政治著作选》，马清槐译，商务印书馆 1963 年版。

[英] 托马斯·麦考莱：《麦考莱英国史》，周旭、刘学谦译，北京时代华文书局 2013 年版。

[古希腊] 修昔底德：《伯罗奔尼撒战争史》，谢德风译，商务印书馆 1963 年版。

[英] 约翰·邓恩主编：《民主的历程》，林猛等译，吉林人民出版社 2003 年版。

[英] 约翰·福蒂斯丘爵士著，[英] 谢利·洛克伍德编：《论英格兰的法律与政制》，袁瑜琤译，北京大学出版社 2008 年版。

[美] 约翰·麦克里兰：《西方政治思想史》，彭淮栋译，人民出版社 2010 年版。

[英] 詹姆斯·C. 霍尔特：《大宪章》，毕竞悦、李红海、苗文龙译，北京大学出版社 2010 年版。

（三）英文

A. Luders, ed., "The Statutes of the Realm: Printed by Command of His Majesty King George the Third," *in Pursuance of an Address of the House of Commons of Great Britain, From Original Records and Authentic Manuscripts*, 11 vols., London: Record Commission, 1810–1828.

Anthony, K., *The Monarchia Controversy*, trans. Cassell, Washington,

DC: The Catholic University of America Press, 2004.

Antony Black, *Political Thought in Europe*: 1250 – 1450, Cambridge: Cambridge University Press, 1992.

Arthur Stephen McGrade, *The Political Thought of William of Ockham*, Cambridge: Cambridge University Press, 1974.

Arthur Stephen McGrade, *The Political Thought of William of Ockham*: *Personal and Institutional Principles*, Cambridge: Cambridge University Press, 1974.

A. Williams, *Kingship and Government in Pre-conquest England*, 500 – 1066, London: Palgrave, 1999.

Bonnie Dorrick Kent, *Virtues of the will*: *the transformation of ethics in the late thirteenth century*, Washington: Catholic University of America Press, 1995.

Bracton, *On the Laws and Customs of England*, translated, with revisions and notes, by Samuel E. Thorne, Boston: Havard University Press, 1968.

Brian Tierney, *The Idea of Natural Rights*: *Studies on Natural Rights, Natural Law and Church Law*, 1150 – 1625, Atlanta: Scholars Press for Emory University, 1997.

B. Wilkinson, *Constitutional History of Medieval England*, 1216 – 1399, London: Longman, 1963.

Carlo Pincin, *Marsilio*, Turin: Edizioni Giappichelli, 1967.

Cary J. Nederman, *Writings on the Empire Defensor Minor and De Translatione Imperii*, Cambridge: Cambridge University Press, 1993.

C. David Douglas and George W. Greenaway, *English Historical Documents* II 1042 – 1189, New York: Oxford University Press, 1533.

Charles IV, *Golden Bull of* 1356, UK: Gale Ecco, 2018.

参考文献

Ch. F. Briggs, *Giles of Rome's De regimine principum. Reading and Writing. Politics at Court and University*, c. 1275 – c. 1525, Cambridge: Cambridge University Press, 1999.

C. N. S. Woolf, *Bartolus of Sassoferrato, His Position in the History of Medieval Political Thought*, Cambridge: Cambridge University Press, 1913.

David Carpenter, *The Reign of Henry III*, London, London: Hambledon Press, 1996.

David Carpenter, *The Struggle for Mastery: The Penguin History of Britain* 1066 – 1284, London: Penguin, 2004.

D. N. Dumville, *Wessex and England from Alfred to Edgar: six essays on political, cultural and ecclesiastical revival*, Woodbridge: Boydell Press, 1992.

D. Whitelock, ed., *English historical documents, Vol. I: c. 500 – 1042*, London: Routledge, 1979.

E. B. Fryde and E. Miller, *Historical Studies of the English Parliament*, 2. Vols, Cambridge: Cambridge University Press, 1970.

"Edward I", *Encyclopedia Britannica*, 1911.

Elizabeth Frances Rogers, *Peter Lombard and the Sacramental System*, Merrick, New York: Richwood Pub. Co., 1976.

E. W. Robinson, *The First Democracies: Early Popular Government Outside Athens*, Stuttgart: Franz Steiner Verlag, 1997.

Felix Liebermann, *The National Assembly in the Anglo-Saxon Period*, New York: Book on Demand Ltd., 1961.

F. W. Maitland, *The Constitutional History of England*, Cambridge: Cambridge University Press, 1909.

Frank Pakenham Longford, *A History of the Honse of Lords*, London: Collins, 1988.

Gary Ianziti, *Writing History in Renaissance Italy: Leonardo Bruni and the Uses of the Past*, Boston: Harvard University Press, 2012.

G. D. G. Hall., *The Treatise on The Laws and Customs of the Realm of England Commonly Called Glanvill*, London: Thomas Nelson, 1965.

G. Edwards, *The Second Century of the English Parliament*, London: Oxford University Press, 1979.

Georges de Lagarde, "Individualisme et corporatisme au moyen age", in *L'organisation corporative du moyen age a la fin de l'Ancien Regime*, Louvain: Louvain University Press, 1937.

Giorgio Petrocchi, *Vita di Dante*, Rome and Bari: Economia Laterza, 1993.

Gordon Leff, *William of Ockham: The Metamorphosis of Scholastic Discourse*, Manchester: Manchester University Press, 1975.

G. O. Sayles, *The King's Parliament of England*, London: W. W. Norton and Co., 1975.

Haliczer, Stephen, *The Comuneros of Castile: The Forging of a Revolution*, 1475 – 1521, Wisconsin: University of Wisconsin Press, 1981.

H. M. Chadwick, *Studies on Anglo-Saxon Institutions*, Cambridge: Cambridge University Press, 1905.

Jacobus Butrigarius, *Lectura Super Codice*, Munich: Bayerische Staatsbibliothek, 1516.

J. B. Bury and Russell Meiggs, *A History of Greece*, New York: St. Martin's Press, 1978.

J. C. Holt, *Magna Carta*, Cambridge: Cambridge University Press, 1992.

J. E. Powell and K. Wallis *The House of Lords in the Middle Ages*, London: Weidenfeld & Nicolson, 1968.

J. H. , Burns, *The Cambridge History of Medieval Political Thought*, 350 – 1450, Cambridge: Cambridge University Press, 1988.

J. H. Denton, *The English Parliament in the Middle Ages*, Manchester: Manchester University Press, 1983.

J. Kilcullen, *A Short Discourse on Tyrannical Government*, Cambridge: Cambridge University Press, 1992.

John B. Morrall, *Political Thought in Medieval Times*, New York: Harper & Brothers, 1958.

Jonathan Robinson, *William of Ockham's early theory of property rights in context*, Boston: Brill, 2013.

Joshua Parens and Joseph C. Macfarland eds. , *Medieval Political Philosophy: A Sourcebook*, Agora editions, New York: Cornell University Press, 2011.

Kitchen Martin, *The Cambridge Illustrated History of Germany*, Cambridge: Cambridge University Press, 1996.

Laslett, ed. , *John Locke. Two Treatises of Government*, Cambridge: Cambridge University Press, 1967.

Leonardo Bruni and James Hankins, *History of the Florentine People*, Boston: Harvard University Press, 2010.

Maiolo Francesco, *Medieval Sovereignty: Marsilius of Padua and Bartolus of Saxoferrato*, Utrecht: Eburon Academic Publishers, 2007.

Marsilius of Padua, *Defensor Minor and De Translatione Imperii*, Cambridge: Cambridge University Press, 1993.

Maurice Powicke, *Medieval England*, 1066 – 1485, London: Oxford University Press, 1969.

Michael Burger, *The Shaping of Western Civilization: From Antiquity to the Enlightenment*, Toronto: University of Toronto Press, 2008.

M. J. Braddick, *State formation in early modern England*, c. 1550 – 1700, Cambridge: Cambridge University Press, 2000.

M. Lapidge, J. Blair, S. Keynes, and D. Scragg, eds., *The Wiley-Blackwell Encyclopaedia of Anglo-Saxon England*, Oxford: John Wiley & Sons, 2014.

M. Makisack, *The Fourteenth Century* 1307 – 1399, London: Oxford University Press, 1985.

Morimichi Watanabe, *Nicholas of Cusa: A Companion to His Life and His Times*, Farnham: Ashgate, 2011.

Nicholas of Cusa, *The Catholic Concordance*, Cambridge: Cambridge University Press, 1991.

N. P. Brooks, *Anglo-Saxon myths: state and church*, 400 – 1066, London: Hambledon Continuum, 2000.

N. P. Brooks, *Communities and warfare*, 700 – 1400, London: Hambledon & London, 2000.

Paul Cartledge, *Cambridge Illustrated History of Ancient Greece*, Cambridge: Cambridge University Press, 1998.

Paul Vincent Spade ed., *The Cambridge Companion to Ockham*, Cambridge: Cambridge University Press, 1999.

P. Spufford, *Origin of the English Parliament*, London: Oxford University Press, 1967.

R. Abels, *Alfred the Great: war, kingship and culture in Anglo-Saxon. England*, London: Longman, 1998.

R. G. Davies and J. H. Denton, *The English Parliament in the Middle Ages*, Manchester: Manchester University Press, 1981.

Richard Ashcraft, *Revolutionary Politics and Locke's "Two Treatises of Government"*, Princeton: Princeton University Press, 1986.

R. Lavelle, *Aethelred II: king of the English*, Stroud: The History

Press, 2002.

R. Lavelle, *Alfred's wars: sources and interpretations of Anglo-Saxon warfare in the Viking age*, Woodbridge: Boydell Press, 2010.

R. W. Carlyle and A. J. Carlyle, *A History of Medieval Political Theory in the West*, 6 vols, New York: Barnes & Noble, Inc. , 1903 – 1936.

R. W. Dyson, *Giles of Rome's On Ecclesiastical Power: A Medieval Theory of World Government*, New York: Columbia University Press, 2004.

Samuel E. Thorne, *Bracton on the Laws and Customs of England*, New York: The Belknap Press of Harvard University Press, 1997.

S. Keynes and M. Lapidge, eds. , *Alfred the Great: Asser's Life of King Alfred and other contemporary sources*, London: Penguin Classics, 1983.

Taqiuddin an-Nabhani, *The System of Islam*, London: Al-Khilafa Publications, 2002.

Thomas Hinton Burley Oldfield, *The Representative History of Great Britain and Ireland: Being a History of the House of Commons, and of the Countries, Cities and Boroughs, of The United Kingdom, from the Earliest Period*, Vol. 5, London: Baldwin, Cradock, and Joy, 1816.

Thomas Hodgkin, *The History of England from the Earliest Times to the Norman Conquest*, New York: Mcmaster Press, 1906.

Tierney Brian, *The Crisis of Church and State 1050 – 1300, With Selected Documents*, Englewood: N. J. , Prentice-hall, Inc. , 1964.

Von Gierke, *Theories of the Middle Age*, Cambridge: Cambridge University Press, 1900.

William Babcock, *The City of God*, New York: New City Press, 2012.

William of Ockham, Arthur Stephen McGrade and John Kilcullen, eds., *A letter to the Friars Minor and Other Writings*, trans. John Kilcullen, Cambridge: Cambridge University Press, 1995.

W. S. Holdsworth, *A History of English Law*, 14 Vols, Vol. 1, London: Methuen and Co. Ltd., 1922.

W. Stubbs, *The Constitutional History of England*, 3 Vols, Oxford: Clarendon Press, 1926 - 1929.

W. Ullmann, *Principles of Government and Politics in the Middle Ages*, London: Methuen, 1961.

二 期刊论文

（一）中文

陈广辉：《帕多瓦的马西留论自然法权》，《政治思想史》2019 年第 3 期。

丛日云、郑红：《论代议制民主思想的起源》，《世界历史》2005 年第 2 期。

顾銮斋：《西方传统文化中的"同意"因子》，《文史哲》2011 年第 2 期。

李华：《"人是第二上帝"——略论库萨的尼古拉对人类精神的定位》，《基督教文化学刊》2017 年第 1 期。

刘宝辉：《论西方代议制的历史渊源、理论预设与制度形态》，《社会科学论坛》2016 年第 11 期。

孟广林：《中古西欧的"法大于王"与"王在法下"之辨析》，《河南大学学报》（社会科学版）2002 年第 3 期。

王政、齐欣雨：《代议制民主的历史起源与变迁》，《人民论坛》2015 年第 21 期。

信美利：《马基雅维利政治思想中的"virtú"概念》，《浙江师范大学学报》（社会科学版）2020 年第 2 期。

许小亮：《代议制的历史图谱：从中古到现代》，《浙江社会科学》2015 年第 5 期。

杨俊：《论库萨的尼古拉的否定神学思想》，《学理论》2009 年第 12 期。

张云秋：《马西留政治思想初探》，《世界历史》1987 年第 4 期。

赵文洪：《中世纪欧洲的反暴君思想》，《经济社会史评论》2015 年第 2 期。

赵卓然：《〈和平的保卫者〉中的医学与有机体论》，《文化研究》2017 年第 4 期。

邹旭怡：《西欧中古形成的代议制传统及其现代转化》，《传承》2008 年第 8 期。

（二）英文

Alessandro Mulieri, "Marsilius of Padua and Peter of Abano: The Scientific Foundations of Law-making in Defensor Pacis", *British Journal for the History of Philosophy*, Vol. 26, No. 2, 2018.

Alfsvag Knut, "Explicatio and Complicatio: On the Understanding of the Relationship between God and the World in the Work of Nicholas Cusanus", *International Journal of Systematic Theology*, Vol. 14, No. 3, 2012.

A. S. McGrade, "Ockham and the Birth of Individual Rights", in B. Tierney and P. Lineham, eds., *Authority and Power. Studies on Medieval Law and Government Presented to Walter Ullmann*, Cambridge, 1980.

Bialas Anna Peitho, "Controversy over the Power between the Papacy and the Empire in the light of Marsilius' of Padua Defensor pacis", *Examina Antiqua*, Vol. 1, No. 1, 2010.

Cary J. Nederman, "Kings, Peers, and Parliament: Virtue and Corulership in Walter Burley's 'Commentarius inVIII Libros Politicorum Aristotelis'", *Albion*, Vol. 24, No. 3, 1992.

Cavallo Jo Ann, "On Political Power and Personal Liberty in The Prince and The Discourses", *Social Research*, Vol. 81, No. 1, 2014.

David S. Siroky and Hans-Jorg Sigwart, "Rousseau on Private Property and Inequality", *Polity*, Vol. 46, No. 3, 2014.

E. Miller, King, "Parliament and Public Finance in Medieval England to 1369", *The English Historical Review 91*, Vol. 361, 1976, pp. 841–843.

Floriano Jonas Cesar, "Popular Autonomy and Imperial Power in Bartolus of Saxoferrato: An Intrinsic Connection", *Journal of the History of Ideas*, Vol. 65, No. 3, 2004.

Fritz Schulz, "Bracton on Kingship", *The English Historical Review*, Vol. 60, No. 237, 1945.

Gedeon Gal, "William of Ockham Died 'Impenitent' in April 1347", *Franciscan Studies*, Vol. 42, 1982.

George Burton Adams, "The Descendants of the Curia Regis", *The American Historical Review*, Vol. 13, No. 1, 1907.

G. P. Cuttino, "Medieval Parliament Reinterpreted", *Speculum*, Vol. 41, No. 4, 1966.

H. Malcolm Macdonald, "Reviewed Work: The Political Thought of William of Ockham by Arthur Stephen McGrade", *Social Science Quarterly*, Vol. 55, No. 4, 1975.

J. Kilcullen, "Natural Law and Will in Ockham", *History of Philosophy Yearbook 1*, Vol. 2, 1993.

J. R. Maddicott, "Trade, industry and the wealth of King Alfred", *Past and Present*, Vol. 123, 1989.

J. Schumpeter, "The crisis of the tax state", in A. T. Peacock, R. Turkey, W. F. Stolper, and E. Henderson, eds., *International economic papers*, Vol. 4, 1954.

J. S. Roskell, Linda Clark, Carole Rawcliffe and Joel T. Rosenthal, "The History of Parliament: The House of commons, 1386 – 1421", *Medieval Prosopography*, Vol. 14, No. 2, 1993.

Lowrie J. Daly, "The Conclusions of Walter Burley's Commentary on the Politics, Books V and VI", *A Journal for Manuscript Research*, Vol. 13, 1968.

Magnus Ryan, "Bartolus of Sassoferrato and Free Cities", *Transactions of the Royal Historical Society*, Vol. 10, 2000.

Michael L. Nash, "Crown, Woolsack and Mace: The Model Parliament of 1295", *Contemporary Review*, Vol. 267, No. 95, 1995.

Morey, James H., "Peter Comestor, Biblical Paraphrase, and the Medieval Popular Bible", *Speculum*, Vol. 68, No. 1, 1993.

M. R. Godden, "Aelfric and Anglo-Saxon Kingship", *The English Historical Review*, Vol. 102, No. 405, 1987.

Nathan Tarcov, "Machiavelli's Critique of Religion Nathan Tarcov", *Social Research*, Vol. 81, No. 1, 2014.

P. A. Stafford, "The 'farm of one night' and the organization of King Edward's estates in Domesday", *Economic History Review*, Vol. 33, No. 4, 1980.

Peter L. McDermott, "Nicholas of Cusa: Continuity and Conciliation at the Council of Basel", *Church History*, Vol. 67, No. 2, 1998.

P. Sawyer, "The royal tun in pre-conquest England", in P. Wormald, D. Bullough and R. Collins, eds., *Ideal and reality in Frankish and Anglo-Saxon society: studies presented to J. M. Wallace-Ha-*

drill, Oxford: Blackwell, 1983.

P. Sigmund, "The Influence of Marsilius on Fifteenth-Century Conciliarism", *Journal of the History of Ideas*, Vol. 23, 1962.

R. Bonney and W. M. Ormrod, "Introduction: crises, revolutions and self-sustained growth: towards a conceptual model of change in fiscal history", in W. M. Ormrod, M. Bonney, and R. Bonney, eds., *Crises, revolutions and self-sustained growth: essays in european fiscal history*, 1130 – 1830, Stamford, 1999.

R. Fleming, "Monastic lands and England's defence in the Viking age", *English Historical Review*, Vol. 100, No. 395, 1985.

Robert S. Rait, "The Scottish Parliament before the Union of the Crowns", *The English Historical Review*, Vol. 15, No. 58, 1900.

T. Jacobsen, "Primitive Democracy in Ancient Mesopotamia", *Journal of Near Eastern Studies*, Vol. 2, No. 3, 1943.

三 学位论文

Bergen Madelyn Ute, *The Sachsenspiegel: A Preliminary Study for a Translation*, Ph. D., The Ohio State University, USA., 1966.

黄腾龙:《13—16世纪英国议会选举》,硕士学位论文,哈尔滨师范大学,2014年。

刘芳怡:《代议制民主思想的起源研究》,硕士学位论文,曲阜师范大学,2013年。

马林:《英国议会的历史发展再分析》,硕士学位论文,烟台大学,2012年。

王丹:《英国议会代表制度演变剖析》,硕士学位论文,吉林大学,2005年。

王美君:《斯蒂芬·兰顿的政治思想与实践研究》,博士学位论文,山东大学,2019年。

赵卓然:《索尔兹伯里的约翰的政治思想研究》,博士学位论文,山东大学,2016年。

四 网络资源

William of Ockham (Stanford Encyclopedia of Philosophy): https://plato.stanford.edu/entries/ockham/#8.

后　记

　　首先，我要感谢我的导师——顾銮斋先生。与顾老师联络的第一封邮件，直到现在我还会时常打开看看。能够得到这样一位德高望重的老师的赏识，是我有幸踏入历史学这个一直令我向往的学术领域的关键。除了在专业领域上的引导，更想要感谢的是老师不断给予我的鼓励和支持。顾老师和师母宽容、平和的生活态度，让我即使在面临学业的压力时也充满了力量，从没有因为压力而丧失对专业的热情。学会享受生活，并把学术研究作为一项对自己负责的终身事业。

　　再者，我要感谢我的父母在我成长的道路上倾注了他们全部的爱。一个简单的感谢不足以表达作为他们女儿的幸福感，爸爸、妈妈是我一生的榜样及挚友。成长在这样一个家庭，也是我走向学术研究道路的基础。

　　我从小几乎是无忧无虑地长大，历史学的确增长了我的见识、阅历以及生命的厚度。因为我小时候的成绩并没有出类拔萃，所以能够取得博士学位完全是人生意外的收获。取得学位的同时，也让我在求学的道路上结识了许多优秀的同学、同事，见贤思齐使我领悟了许多新的学习方法和思考角度，这也是我生活中一份额外的收获。

最后，此书仍有许多需要精进之处，还望各位同人对我的研究不吝赐教，也希望各位前辈在学术上能给我更多的鼓励和支持。

徐叶彤

2022 年春于济南